JN060477

コミックエッセイで
楽しく学ぶ！

一生お金に困らない！
貯め方・増やし方

監修｜飯村久美
ファイナンシャルプランナー
マンガ｜オキエイコ

ナツメ社

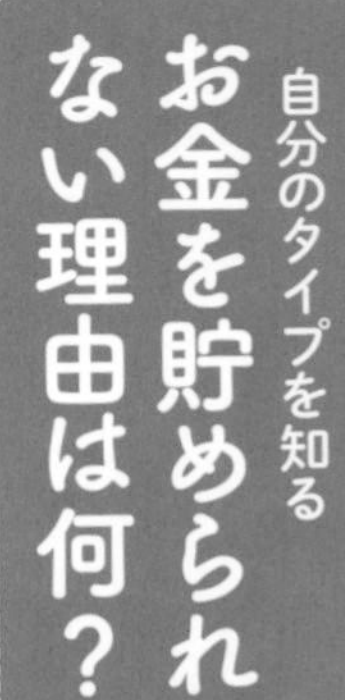
自分のタイプを知る
お金を貯められない理由は何？

仕事終わりの
地元の居酒屋
それが私たちの
集合場所

ガヤ
ガヤ
あ、
こっちこっち

お待たせ～
もう先に
始めちゃって
るよー
エイコ 32歳
イラストレーター

なんの話
してた？
この前の
結婚式の話
してたとこ

私たちは、学生時代の友人で
いまでも半年に一度は集まって
こんな女子会をしている
写真
みよ～
ドレス
超似合って
る～♡

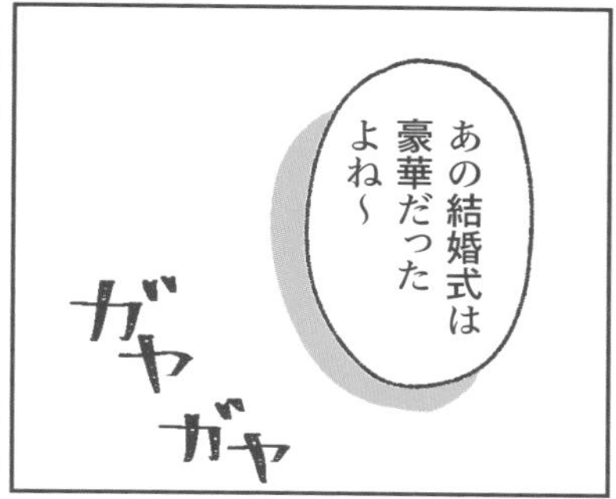
あの結婚式は豪華だったよね～
ガヤガヤ

私もあんな結婚式したぁ～い
うっとり～
ユメミ 32歳
会社受付

きれいな式場で
お色直し何回もしてご飯も最高グレードで…
こちらは派手が大好きユメミちゃん
甘い！
くわっ

あの規模の結婚式挙げようと思ったら
一体いくらかかると思ってんの！
ケイは昔から私たちのお目付け役
ズバ
カタ
カタ
カタ
カタ
ガタ
ケイ 32歳
総務職
ケイちゃんきびしぃ～
っていうかさー

ぬっ
私の恋人は永遠のアイドルですし？

キリッ
結婚はできなくても推しにお金を落とすことは本望！
ニジコ 32歳
フリーター

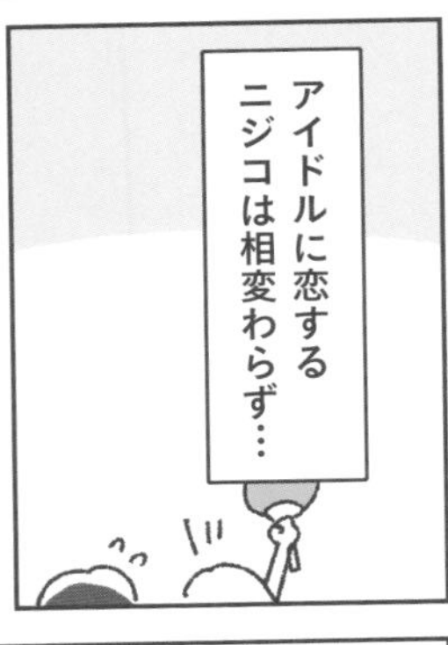
アイドルに恋するニジコは相変わらず…

こんな性格バラバラな私たちだけど
写真みてくれ!!

学生時代からなぜか一緒にいるのだ

ねぇ
このメンバーで
久しぶりに旅行
行こうよ
いいね！
行こ〜

って

この会話
一体、何回
繰り返すの…
はっ

たしかに！
なんで、いまだ
に旅行行けて
ないんだろ
？？

それはあんた
たちが旅行費用
いつまでたっても
貯められないから
でしょ！
いやん

ケイは、
きっちりし
すぎだよね…
その割には
恋人づくりは計画
倒れだもんね…
そこ、
全部聞こえて
ますけど…？

かわいい〜
このお店
でもなんで
雑貨屋に？
私たちの
共同貯金用の
貯金箱買おうよ
貯金といえば
貯金箱！
せっかくだし
かわいいの
買いたいでしょ〜
ユメミらし〜
ドーーン
これなんか
どう？
ブタの貯金箱！
いかにもって感じで
テンション上がる〜！

ちょっと！
これバカ
高いわよ！
ヒィ……
ケイちゃん
ケチくさ～！
こういう時
くらい使わ
なきゃ！

話し合いの末…
ありがとう
ございました—
カラーン
CHA

貯金箱も買ったし、
これで旅行行ける
も同然だね！
明日から
もやし生活ね…
国内がいい？
それとも海外
行っちゃう？

ガサ
ん？
ガサ
ガサ
ズイイイ
シュ
何
!?

シュタッ
いまなんか
飛んで行った!?
ドーン
おい、
ええかげんに
せえよ
って、
関西弁!
ババーン

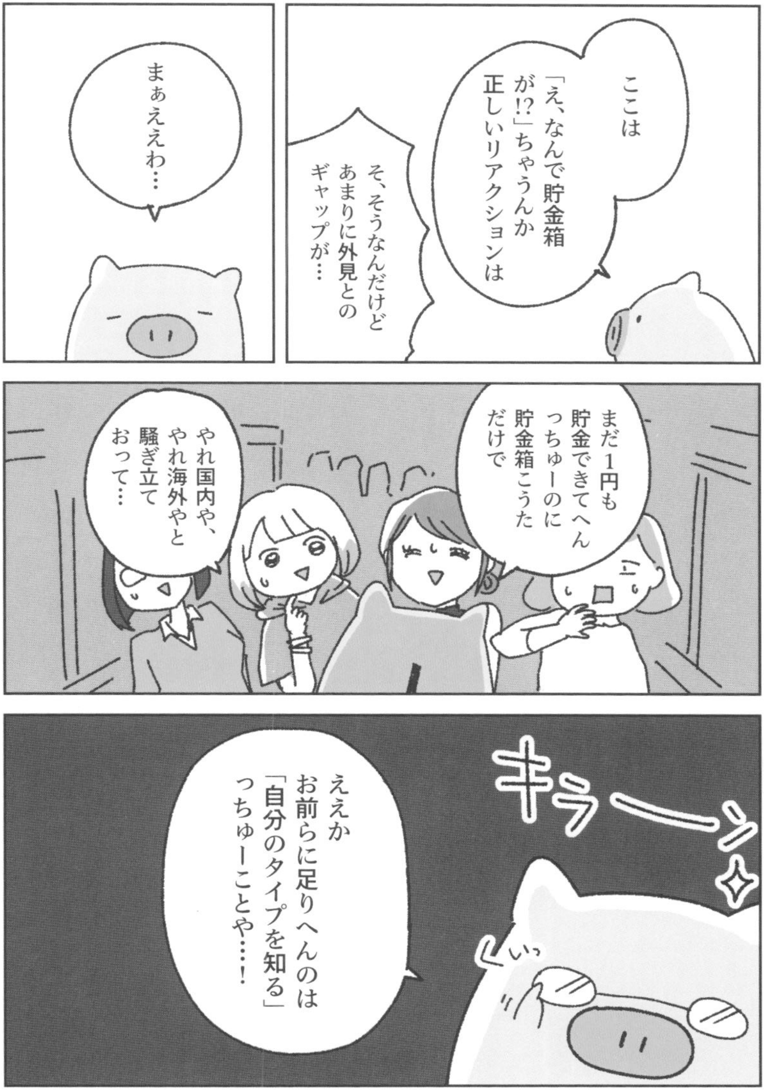

ここは
「え、なんで貯金箱が!?」ちゃうんか
正しいリアクションは

そ、そうなんだけど
あまりに外見との
ギャップが…

まぁええわ…

まだ1円も
貯金できてへん
っちゅーのに
貯金箱こうた
だけで

やれ国内や、
やれ海外やと
騒ぎ立て
おって…

キラーン
ええか
お前らに足りへんのは
「自分のタイプを知る」
っちゅーことや…!
くいっ

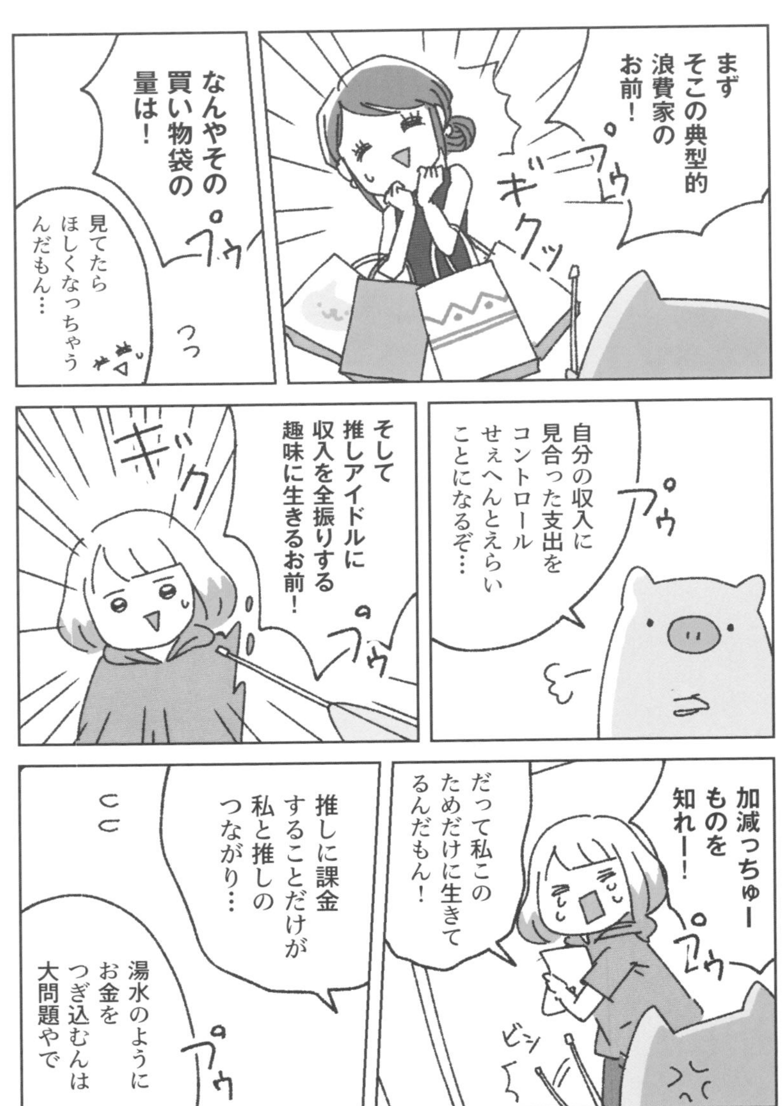

まず
そこの典型的
浪費家の
お前！
プゥ
ギクッ
なんやその
買い物袋の
量は！
プゥ
見てたら
ほしくなっちゃう
んだもん…
つっ
自分の収入に
見合った支出を
コントロール
せぇへんとえらい
ことになるぞ…
プゥ
そして
推しアイドルに
収入を全振りする
趣味に生きるお前！
プゥ
ギク
加減っちゅー
ものを
知れー！
プゥ
だって私この
ためだけに生きて
るんだもん！
ビシ
推しに課金
することだけが
私と推しの
つながり…
湯水のように
お金を
つぎ込むんは
大問題やで
プゥ

そんで
そこで口開けて
ポカーンと見てる
そこのお前！
私までー!!
いま、
どうせ
「私には関係ない」
って思ってたやろ！
「たいして買い物
してないのに
なぜか貯まらない」
って思ってるん
ちゃうか？
ま、まさに
そう思ってる…
浪費家じゃない
のにって…
このままでは
一生貯まら
へんやろな…
うう…
つら！
あんたたち
痛いとこ突かれ
ちゃったねー
ふっ…
そういう
お前もやで
ギク

うっ
うっ
将来のために ゆーて 1円でも チマチマ 節約して
そのくせ投資 とかそういう 小難しいもの は拒絶して ノーマーク
結局ケチって やりたいことも 我慢してるやろ
ぷゥ

そんなんで お前… 楽しいか？
もうやめて！ ケイのライフは もうゼロよ！
ピーポー
ピーポー
くるっ

…まぁ お前たちがそれで ええんやったら 別にええけど…
待って！
私だって ケチケチせずに 楽しくお金 貯めたい…！

私も
ちゃんと
お金について
知りたい！
浪費癖、
卒業したい…！
ちゃんと現実見て
お金の計画できる
ようになりたい！

…それを
聞きたかった
険しいみちに
なるとは
思うけど…
覚悟して
ついてきぃや…

その前に
小腹空いたし
カフェでも
行かない？
さんせーい
ホンマに
こいつら
大丈夫なんか…

お金の貯め方診断！

あなたは何タイプ？

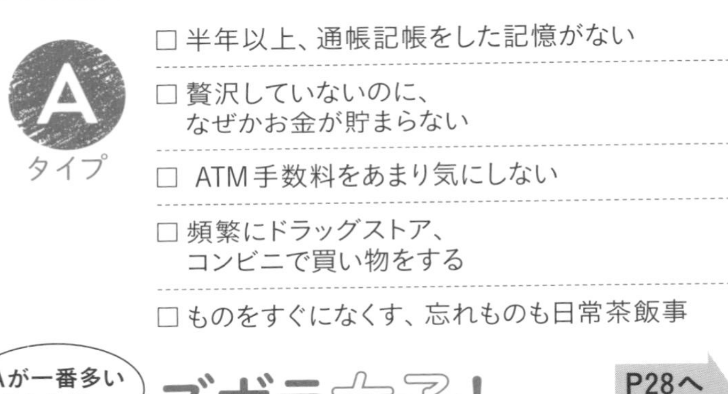

A タイプ

□ 半年以上、通帳記帳をした記憶がない

□ 贅沢していないのに、
なぜかお金が貯まらない

□ ATM手数料をあまり気にしない

□ 頻繁にドラッグストア、
コンビニで買い物をする

□ ものをすぐになくす、忘れものも日常茶飯事

Aが一番多い
あなたは…

ズボラ女子！

P28へ
GO!

B タイプ

□ 流行には乗りたい

□ ほしいものはすぐに買ってしまう

□ クレジットカードの請求額に
いつもびっくりする

□ 財布の中がゴチャゴチャしている

□ 気前がよく、人からの誘いは
基本的に断らない

Bが一番多い
あなたは…

浪費家女子！

P70へ
GO!

なかなかお金が貯まらない……そう思っている人は、
自分にぴったりなお金の貯め方がわかっていないのかも！
まずは、自分がどのタイプかを確認して、
自分に合ったお金の貯め方を確認しましょう。

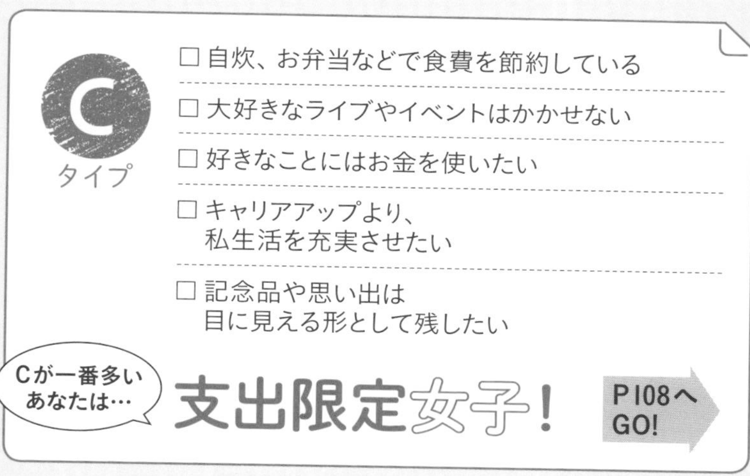

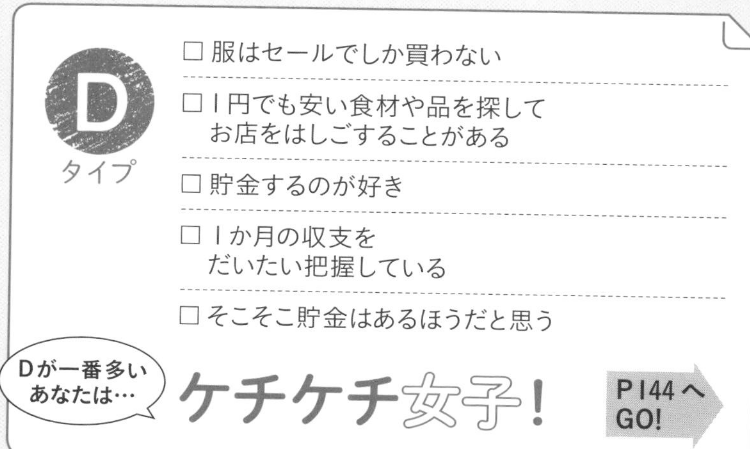

お金のことは、全然わかんない……

ズボラ女子 エイコ

浪費しているつもりはないのに、なぜかお金が貯まらない……。大きな買い物の頻度は少ないけれども、細かい出費が多いのがズボラ女子の特徴。唐突に家計簿を始めて3日で挫折を繰り返してしまうような大雑把な性格です。

なんで買うとみつかるんだ…

Q

職業は?
フリーランスのイラストレーターです

現在の貯金額は?
わ…わかんない

家族構成は?
夫と娘1人の3人家族

お金って使うためにあるんだよね？

浪費家女子

ユメミ

常に「いま」の幸せと満足度を得るために、買い物や旅行などに散財してしまう浪費家女子。給与は毎月使い切り、貯金は0。とにかくいまが楽しければOK！　いつかお金持ちと結婚するー！　なんて夢見がちな人が多いのもこのタイプです。

Q

職業は?
派遣で某会社の
受付嬢やってまーす

現在の貯金額は?
わかんないけど、
給料日前は大変なの！

家族構成は?
おひとりさまです。
イケメン彼氏募集中！

推しは貢ぐための存在です！

支出限定女子
ニジコ

特定の趣味や活動には、際限なくお金を使ってしまうのが支出限定女子。イベントがある時、ない時によって出費の額が大きく変動するので、なかなか一定の金額を貯め続けられないのが、このタイプが抱える問題点です。

Q

職業は？
飲食店でアルバイト！気楽にフリーター生活してます

現在の貯金額は？
30万円くらいかな

家族構成は？
推しが一生の恋人です

1円でもムダなことはしないわ！

ケチケチ女子 ケイ

将来が不安……そんな思いから、とにかく1円でも
ケチって通帳残高を増やしたいのがケチケチ女子。
貯金するのはOKですが、貯金するためにいろんな付き合いや
生活を我慢してしまうのがこのタイプの特徴です。

ちょっと！
それムダでしょ?!
全部ムダ!!
みかん

Q

職業は？
総務職をしています

現在の貯金額は？
約8,632,000円
ぐらいです

家族構成は？
いまは独身よ

はじめに

私の事務所には、「お金のことが苦手」「気が付くと貯金が減っている」「このままでは将来がマズイ」と、相談に来られる若い女性が多いです。

以下は、先日ご相談に来られた女性から寄せられた感想です。

「いままで忙しさにかまけてお金の管理を全くできていませんでした。当然きちんとした将来の貯蓄についても不安だらけ…。でも、具体的にどうしたらよいのか？　目標も見えずモチベーションが湧かない日々でした。

〝お金&貯蓄コンプレックス〟の私でしたが、先生とのコンサルティングが進むたびに頭の中がどんどんスッキリと整理されていくのがわかりました。そして、〝お金の整理とココロの断捨離〟ができてはじめて、「貯蓄＝お金の管理＝安心」ができるのだと本当に痛感しました。」

本書を手にしたあなたも、同じような悩みを抱えていませんか？

物も豊かで、働くところさえあれば、収入が入ってきて普通の生活が送れる、世界の中でも恵まれた日本において、お金についてコンプレックスを持っている女性が少なくないのはなぜでしょうか？

それは、これまで学校や家庭で、お金の教育を受けてこなかったこと。また、親世代と自分たちのお金を取り巻く環境が大きく変わったこと。キャッシュレスやインターネットの普及で、お金が気軽に使いやすくなったことなどが大きな理由だと思います。

でも、なんとかしなきゃ！　と思って本書を手にしてくださったのですから、もうコンプレックス克服への第一歩は踏み出せています。あとは、お金のキホン知識を身につけて、自分に合った方法でコツコツ行動していけばよいのです。

本書ではタイプの違う4人の女子が登場し、それぞれに合ったお金の貯め方を、関西弁の不思議なブタの貯金箱に指導されながら、学んでいきます。自分はどのタイプなのかな？　と重ね合わせながら楽しく読んでいただければ幸いです。

お金が貯まってくるとコンプレックスが徐々になくなっていくでしょう。夢を叶えるための選択肢も広がり、達成感は自信につながります。自信がつくと、仕事や外見にもいい影響を及ぼします。そして、自分らしくお金を使えるようになり、将来の漠然としたお金の不安も和らぐはずです。

さぁ、貯め上手の道へようこそ♪　早速、はじめていきましょう。

FP事務所アイプランニング　飯村久美

CONTENTS

PART 1

お金のことはわからない…ズボラ女子からの脱却！

PART 2
「もったいないマネー」を減らす

PART 3

趣味に全力!支出限定タイプのお金の貯め方

PART 4

貯蓄を増やす方法を身につける！

PART 5

人生のイベントに備える！

PART 1

お金のことはわからない…ズボラ女子からの脱却！

毎日家計簿をつけましょう、といわれても
ズボラ女子にとってそれは達成不可能な目標です。
ズボラ女子が、まずすべきことは、
お金の収支をざっくりと把握すること。
それができたら固定費の削減などを検討して、
毎月の出費をおさえていきましょう。

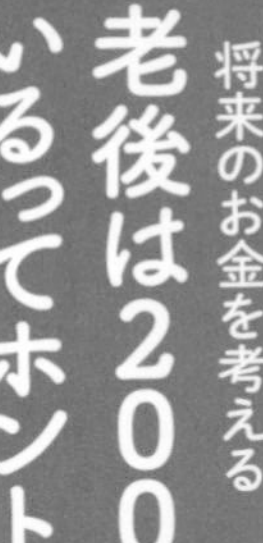

老後は2000万円いるってホント？

むしろ
ホンマは
もっといる
かもしれ
へんな

仮に65歳で
退職して、夫婦
ふたりの生活費が
25万円／月で
90歳まで生きたら
どんだけいるか
わかるか？
うっ

いや、そんな
具体的に考えても
人生何があるか
わかんないし？
そそくさ
答えは
7500万円や
ドッカーン

何その金額…
絶対ムリやん…
プス
プス
プス
くたー

まあそう
いうても
年金も
あるんやで
すべてを
貯金でまかなう
っちゅーこと
やないで
それを早く
いって

じゃあよく聞く「2000万円必要説」ってのはどこからきたの？
それはな
老後、年金だけではいくら足りなくなるかという話や

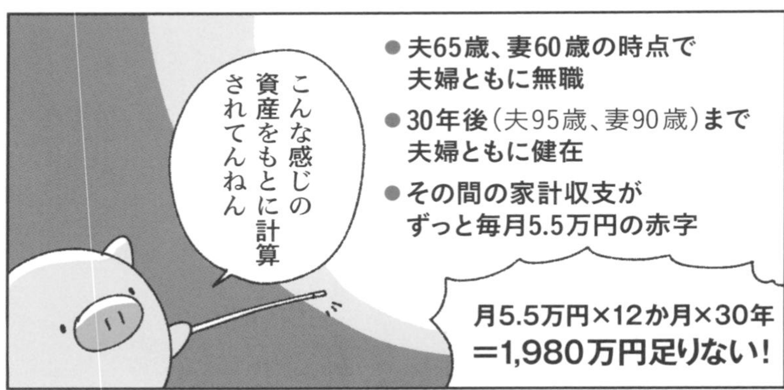
こんな感じの資産をもとに計算されてんねん
●夫65歳、妻60歳の時点で夫婦ともに無職
●30年後（夫95歳、妻90歳）まで夫婦ともに健在
●その間の家計収支がずっと毎月5.5万円の赤字
月5.5万円×12か月×30年
＝1,980万円足りない！

あくまでもモデルケースやからもちろん人によって前後するっちゅー話や
とはいえやっぱりこれくらいはいるってことか…

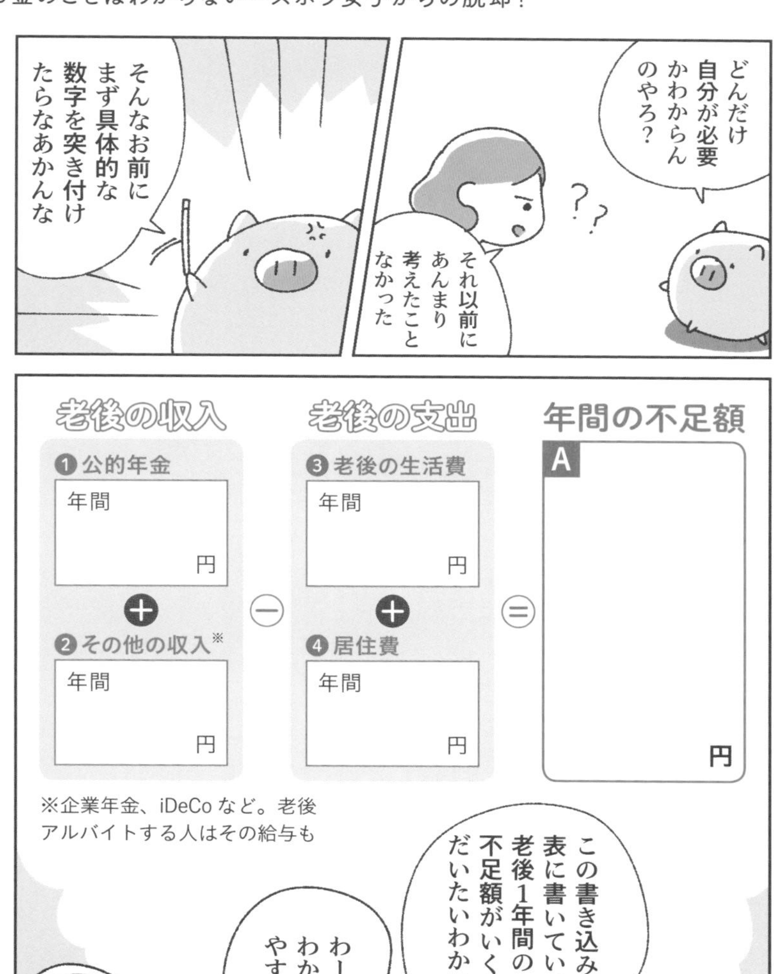
どんだけ自分が必要かわからんのやろ？
それ以前にあんまり考えたことなかった
そんなお前にまず具体的な数字を突き付けたらなあかんな
老後の収入
①公的年金
年間
円
②その他の収入※
年間
円
老後の支出
③老後の生活費
年間
円
④居住費
年間
円
年間の不足額
A
円
※企業年金、iDeCoなど。老後アルバイトする人はその給与も
この書き込み式の表に書いていってみ老後1年間の不足額がいくらかだいたいわかるで
わー、わかりやすい！

さっそく
書き込んで
いこ！
ううぅっ！
つまずくの
早すぎや

何が
わからん
のや
❶の
公的年金の
時点でもう
わかんない…

自分が
どれだけ年金
もらえるかわから
へんのやったら
「ねんきんネット」
見りゃ一発や！
ねんきん
ネット

え！
これが私の
年金!?
どや？
少ないか？
うーん…
いままで、どれくらい
もらえるのか
想像もしてなかった
から正直よく
わかんない…
…ホンマに
なんも考えて
へんかった
んやな

調べたら早よ書く！タラタラしてたらページ数足らんくなんねん！
はいよ
これ65歳で定年したらって前提だけど
私は体が動く限りは働きたいんだよね…
う〜ん
ズボラなわりに意外と働きもんなんか？
バリバリ働きたいわけではないけどなんか家庭を離れた人間関係は持っておきたいんだよね
働いてる時のやりがいって特別だし
これからは人不足で長く働かなあかん時代やしな
定年後の給与は❷に加えりゃええで
うん うん
よーし、これで定年後に必要な年間のお金がわかった！

年間の不足額
A
円
×
老後の期間※
年
=
必要なお金
円
※年金を受給できる65歳からを老後として、自分が何歳ぐらいまで生きたいかを考えて年数を出そう
最後にさっき計算した年間の不足額に想定している自分の老後年数をかけると必要な総額がわかるんや
おー！これで私が老後に必要なお金がわかるってことか！
よし！できた！オーダーメイドの老後必要予算表！
じーっ
……
だーーーっ!!リアル!!
いままでマジで考えてこんかったんやなコイツ…

まぁ、見る限り
平均的な
数字やし怖がる
ことないけどな
いや、いままで
具体的な数字とか
考えずにいたから
現実を突き付け
られたというか…
超後まわし
ズボラタイプ
みんなそんな
もんやで！ すぐに
貯めるわけやなく
時間かけてゆっくり
貯めていけば
ええんやで
へーい
がんばり
まーす
そのためには
人生計画も照ら
し合わせなな
じりじり
たじたじ
う"っ
そこでこんな
表を書いて
みるんや

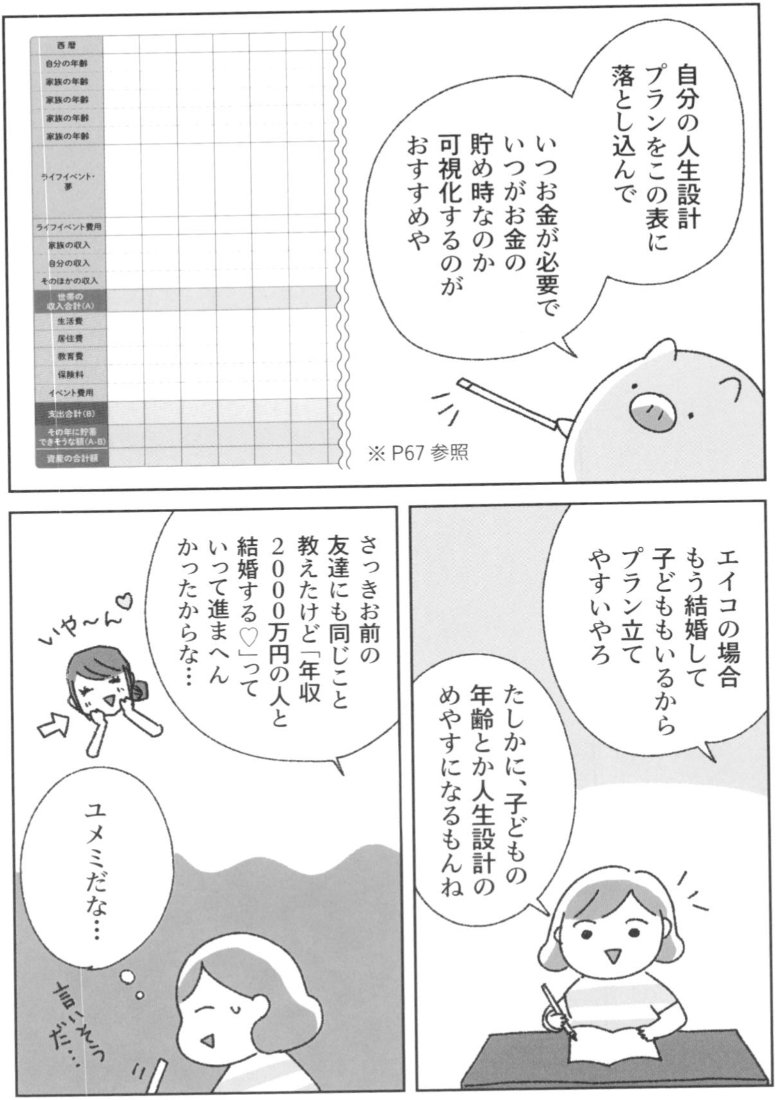

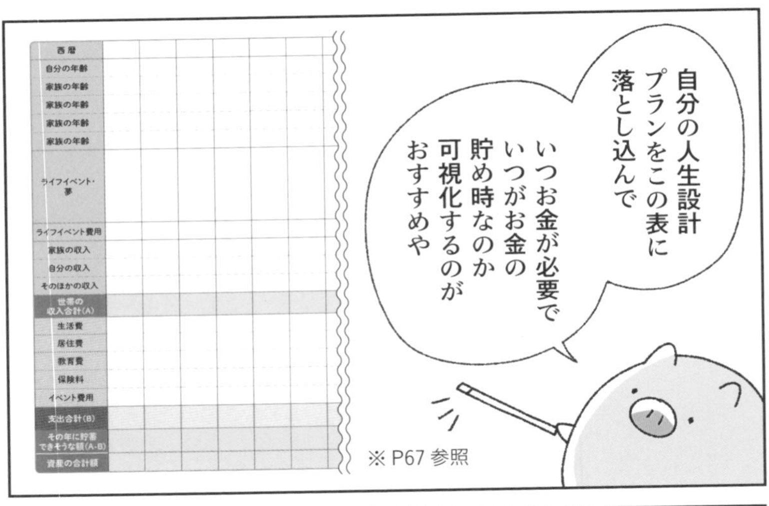

西暦							
自分の年齢							
家族の年齢							
家族の年齢							
家族の年齢							
家族の年齢							
ライフイベント・夢							
ライフイベント費用							
家族の収入							
自分の収入							
そのほかの収入							
世帯の収入合計(A)							
生活費							
居住費							
教育費							
保険料							
イベント費用							
支出合計(B)							
その年に貯蓄できそうな額(A-B)							
資産の合計額							

エイコの場合もう結婚して子どももいるからプラン立てやすいやろ

たしかに、子どもの年齢とか人生設計のめやすになるもんね

さっきお前の友達にも同じこと教えたけど「年収2000万円の人と結婚する♡」っていって進まへんかったからな…

いや〜ん♡

ユメミだな……

言いそうだ…

具体的な数字がわかると将来のことしっかり考えなきゃってより思えるようになったかも
いままでほとんど考えてへんかったもんな
あと、貯めるだけじゃなくて使うお金を減らす努力もしなきゃなって思った
ほうたとえば？
たとえば賃貸か持ち家かで老後の支出も変わるし、格安スマホとかもチェックしてみようかなって
せやな それもこの本の中でいろいろ説明したるから待っときや
ありがとう～頼りにしてるね
ムギュ

01 稼ぐ・貯める・増やすの3つの力が肝！

シングル女子には、やりたいことやほしいものがいっぱい！　さらに、結婚や子育て、住まいの確保、老後の生活など、将来のことも考えると、少しでも多くお金を貯めておきたいもの。そう思って、**一生懸命働いて、いろいろなことを我慢して節約しているのに、なぜか銀行口座の残高が増えない**……。

とくに、これまで「お金を貯めなきゃ……」と思いつつも、お金の貯め方や運用についてこれといったビジョンを持ってこなかった人は要注意。がんばっているつもりなのに、全然お金が貯まらず、不安とストレスだけがつのっていくというパターンにはまりがちです。

本気でお金を貯めたいのなら、まず身につけておくべき3つの力を知っておきましょう。それは、**「稼ぐ」「貯める」「増やす」**力です。

「稼ぐ」力は、働いて収入を得る力です。これが十分にあれば、日々の生活に困る

3つの力で資産形成もスムーズに！

増やす力
少しずつでもよいので、
運用などでお金を増やす力

貯める力
支出を上手にコントロールし、
将来必要となるお金を
想定して、準備していく力

稼ぐ力
働くことで、自分の収入を生み出す力。
スキルアップをめざして、スクールに通うことも、
稼ぐ力をアップさせる方法のひとつ

土台となる「稼ぐ力」、そこから将来に備えるための「貯める力」、貯めたお金を「増やす力」、3つをバランスよくマスターせなアカンで！

ことはありません。逆に、収入が少ない場合、いくら節約してもお金は貯まりません。手取りを増やす努力が必要です。

ただ、いくら稼ぐ力があっても、毎月の収入を使い切ってしまうようでは将来が不安です。そこで必要なのが稼いだお金を将来の夢や、いざという時のためにキープする「貯める」力。

そして、低金利のいまは、上手に運用して「増やす」力も必要です。

これら3つの力は、将来のお金の安定に役立ちます。**3つの力すべてをバランスよく身につける**ことをめざしてください。

02 お金の間取りづくりをしてあげよう

月々の収入には限りがあります。たくさん貯めようとすると、その分、自由に使えるお金は減ります。逆に、好きなだけ使っていたら、貯金にまわすお金はなくなってしまいます。お金を貯めたいと考えているのなら、あらかじめ**「収入のうち、どの使いみちに何割使い、いくらを貯金にまわすか」**の〝家計割合〟を決めておきましょう。

家計割合の決定は、家の間取りを決めるのに似ています。家の間取りも、家の大きさ以上のスペースを確保することはできません。決められた広さの中で、リビングや水まわり、ベッドルーム、収納などを割りふらなくてはならないのです。生活のためのリビングを大きくしすぎると、いざという時のためのものをしまっておく収納スペースが取れなくなってしまうのと同じ。逆に、きっとものは増え続けるから！　と、収納スペースをやたらと大きくしてしまうと、リビングや水まわりスペースが犠牲になって暮らしづらくなってしまいます。

手取り21万円のお金の間取りは？

	費目	金額
固定費	住居費	66,500円
	水道光熱費	8,000円
	通信費	6,500円
	保険料	3,000円
変動費	食費	34,000円
	おこづかい	30,000円
	その他	20,000円
貯蓄など	貯蓄	21,000円
	特別支出	21,000円

バランスのよいお金の間取り

お金の間取りも、日々の生活はもちろん、長期的な人生設計も考えながら、それぞれの費目に必要な割合を確保して。

理想的な家計割合は収入やライフスタイルによって異なりますが、**固定費（住居費・水道光熱費・通信費・保険料）：変動費（食費・おこづかい・その他）：貯蓄が、4：4：2**というのがひとつのめやす。貯蓄は、半分を結婚や引っ越し、老後など長期的な目標のためにキープ。残り半分は、家電が壊れた時、冠婚葬祭など、不定期の出費に備えましょう。

03 銀行口座を2つに分けておく

あなたはどんなふうに銀行口座を使っていますか？　多くの場合、給与振込口座から、生活費を引き出し、手持ちのお金がなくなったら、またＡＴＭで引き出す。そして、残った分をなんとなく貯金……というふうに決めているのではないでしょうか。

残念ながら、その方法ではなかなかお金が貯まりません。気をつけて節約しているつもりでも、収支があやふやになって、つい使い込んでしまいがちだからです。いわば穴がいくつもあいたバケツにせっせと水を注いでいるようなもの。そして、通帳をながめては「なかなか残高が増えないな……」とため息をつく羽目になるのです。

着実にお金を貯めたいのなら、**口座を2つ持って、ひとつは「使う」用、もうひとつは「貯める」用に分けましょう！**　そして、お金の間取り決めで「貯める」と決めたお金は、「貯める」用の口座に移して、貯蓄分までうっかり使ってしまうことのないように気をつけましょう。

「使う」口座と「貯める」口座を使い分ける！

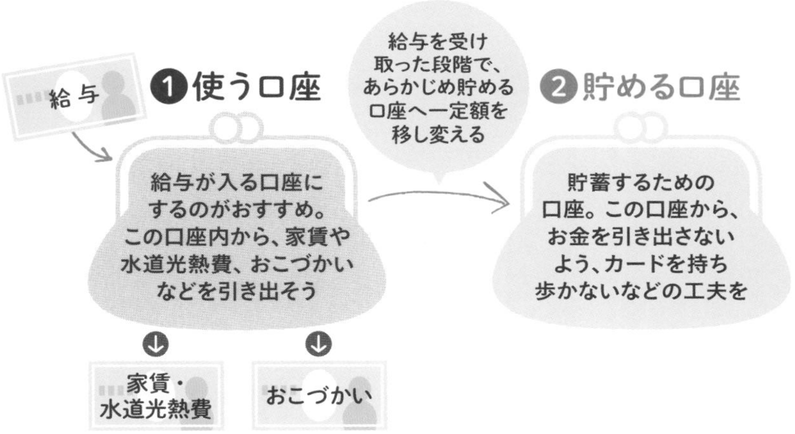

給与
❶使う口座
給与が入る口座にするのがおすすめ。この口座内から、家賃や水道光熱費、おこづかいなどを引き出そう

家賃・水道光熱費
おこづかい

給与を受け取った段階で、あらかじめ貯める口座へ一定額を移し変える

❷貯める口座
貯蓄するための口座。この口座から、お金を引き出さないよう、カードを持ち歩かないなどの工夫を

「使う」用の口座は、給与が振り込まれる口座にするのがベスト！　ここから日々の生活費を引き出すほか、水道光熱費や通信費、クレジットカード利用料、保険料などの引き落としも行います。

一方、「貯める」口座は、そこからお金を引き出さない工夫が必要です。おすすめは、勤務先の財形貯蓄制度や金融機関の自動積立定期（P85参照）などを利用することですが、とりあえずは**普段使っていない銀行口座を使う**のでもOK。その場合は、その口座の**キャッシュカードは持ち歩かないようにする**などの工夫をするとよいでしょう。

04 小さい目標を立ててやる気アップ！

お金を楽しく貯めるコツ、それは**「具体的な目標を立てる」**こと！　なんのために、いくら貯めるべきかわかっていれば、日々の節約もポジティブな気持ちでがんばることができます。

まずは、いつまでにどんなことをやってみたいのか、そしてそれにはいくらかかるのかを書き出してみましょう。

「1年後のマレーシア旅行に向けて10万円」
「半年後のバーゲンに向けて10万円」
「3年後の語学留学に向けて100万円」　などなど……。

これといった目標がなく、いま貯蓄がゼロの場合、まずは**「3年後に現在の給与の半年分」**をめざしましょう。給与半年分の貯蓄が手元にあると、「もうこんな会社やめたい！」「引っ越したい」といった急な事態にもある程度は対応できるので安心です。

高い目標も小さな目標の積み重ねで実現！

	夢	目標金額Ⓐ	実現したい時期とそれまでの月数Ⓑ	毎月貯めるお金 Ⓐ÷Ⓑ
長期的な夢	65歳までに1,000万円貯める！	1,000万円	35年後×12か月＝420か月	約23,809円
中長期的な夢	3年後にヨーロッパ旅行	50万円	3年後×12か月＝36か月	約13,888円
1年以内の夢	今年の冬に新しい冬物のコートを買う！	10万円	6か月後	約16,666円

月々の目標額を計算

夢をかなえるための目標額が決まったら、これらを貯めるのに**「月いくら貯金するか」も計算してみて**ください。いろいろ夢を盛り込んでしまって、月々の貯蓄目標が高くなりすぎた場合は、夢の内容や実現時期を調整するとよいでしょう。

目標が「マンションの頭金」や、話題となった「老後資金2000万円」などの場合、金額の大きさに「絶対ムリ！」となりがちです。そういった大金も、月々の目標額に落とし込んでみると、「意外とできるかも！」と思えるものです。

ムリせず節約する方法

貯蓄とダイエットの考え方は同じ

あ、ブタさん…
ちょっと今月
大変でしてね…
見てたで
なぁなぁ
これは
完全に予想
なんやけど
お前…
ダイエットも
苦手やろ
ぐぬぬ
ちゃうん
やったら
謝るわ
あくまで予想や
ムリな食事制限して
「このまま
いけば来年は…」とか
考えるタイプちゃう
かと思ってな
うっ
グサッ
図星
そそそそんな訳
ないじゃん…
わかり
やす…

ええこと教えたろ
貯蓄はダイエットと同じ！
ザバ
その人の生き方、ライフスタイルそのもんや！
消費カロリーより摂取カロリーが低けりゃ当然体重は減る
せやけどムリなダイエットは続かへん！貯蓄も同じ！
お金だけ見てムリしとったらすぐに挫折や！
なんで！スーパーのチラシ見て1円でも安いとこ狙ってるのに!?
その結果、トクしたんいくらや？
ガッシャーン
ガラ
ガラ

そんなもん
時間と労力の
ムダやで
だー！
そんなとこに
書かんでくれ！
タイムイズマネー
ダ
ッ!!
で、
家計簿つけ
てんのやろ？
見せてみ
え〜〜？
なんか
恥ずかしい〜
腹立つ
反応やな
くねくね
じゃあ、
見せんでも
ええから
今月の反省点
いうてみ！
え…
反省点…？
ただつけただけ
だから反省とかして
ない…そもそも、
見直してないし…
……
あんな！
家計簿は毎日
つけても見直しや
反省せーへんなら
意味ないからな！
ゴ
あああ!!
すいま
せーん…！

これが
我が家の
家計簿です…
ふんふん
まーたしかに
食費は多いけど、
そもそもの食費の
予算が低すぎ
やったな
貯蓄目標も
はじめから
こんな
がんばらんで
ええねん
貯蓄っちゅー
もんは一時的な
もんやない
継続は
力なり!!
老後までの長い
期間ずーっと
続けていく
ことなんや
せやからいきなり
ムリしたらあかん
自分がムリせず
継続できることが
大切なんや
ダイエット
だってそやろ？
ちょっと痩せた
からって安心して
食べると、そのまま
生活も体重も元通りや
ライフスタイルを
変えんとあかん
もう
い～よ
ねー
ねえ、
私の過去の
ダイエットを
見てきたの…？

ライフスタイルを変える…そういわれてもな…
まずは自分に合った生活習慣をさがしてみ
見つけたらそれを1か月継続してみるんや
小さいことでかまへん
続けることで自信もつく！
今週はコンビニ行かない!!
駅まで歩こう!!
達成したら自分にごほうびあげてもええんちゃう
ごほうび！
じゃあアイスかな…
いや、ここはケーキかな
ダイエットが成功する日は来なそうやな

05 ムリなく節約するには固定費から削減

節約しなきゃ……となった時、まず出費を切り詰める候補として浮かぶのが、ランチ代をはじめとする食費、そして洋服代などのおこづかいでしょう。

もちろん食費やおこづかいの見直しも大切ですが、そうした出費を切り詰めると、ストレスが溜まって節約が長続きしない可能性があります。とくに食費をむやみに切り詰めるのは心身の健康に悪影響を及ぼすのでおすすめしません。**お金を貯めるために、心や体の調子を崩すのは本末転倒**で、そんな人生は楽しくありませんよね。

そこでまずは、日々の生活に影響のない支出の節約から取り組みましょう。**おすすめは、固定費を見直す**ことです。固定費というのは、日々の行動に関係なく、一定額かかってしまう費用のこと。シングル女性が払っている固定費としてとくに大きいものは、住居費、スマホやネットの利用料（基本プランやオプション部分）、保険料、ジムや習い事の会費などでしょう。

固定費を月1万円削ってみよう！

□住居費
家賃が安い物件に引っ越す、ローンなら現在の金利と比較して借り換え

□ネット・スマホ利用料
自分に見合ったプランへの変更や格安スマホへの乗り換え

□保険料
自分が必要なものだけ加入する、プランの見直し

□車の維持費
あまり乗らない場合は、レンタルサービスを検討

□ジム・習い事の月謝
費用対効果を考える。行っていない習い事は解約する

□クレジットカードなどの年会費
年会費無料のクレジットカードへ切り替え

まず見直したいのがネットやスマホなどの利用料。詳しくは次のページで説明しますが、手続きひとつで毎月、数千円の差が生まれます。

保険料にも注目。シングルなら、特別な事情がない限り死亡保障は不要です。医療保障も、「高額療養費制度」により入院しても一定額の負担ですむので、最低限の保障を備えておけば大丈夫。**ジムや習い事なども、「本当に自分に必要か」検討を。**なお、自治体の施設なら格安で利用できます。家賃は額が大きいだけに家計への影響が大。家計をひっ迫している場合は、引っ越しも検討してみて。

06 スマホ代は6000円以下をめざそう！

総務省の「全国消費実態調査」によると、30歳未満の単身世帯のスマホ代は、毎月約7000円。大手キャリアで高い機種を利用し、毎月1万円以上かかっている人もいるのでは？

できれば、**通信費は手取り収入の3%程度におさえる**のがベスト。つまり、手取り20万円なら月6000円以内ということです。スマホや自宅のネット回線の利用料金が、この金額内におさまるように見直してみましょう。

まずは自分の利用明細を見て、不要なオプションがついていないかをチェック。利用していない有料サービスがあればすぐに解約しましょう。次に基本プランをチェック。たとえば、月に3GB以内しか通信していないのに、使い放題プランを契約していたらもったいないですよね。すぐに、プランの変更をすべきです。

大幅な節約を狙うなら、「Y!mobile」や「UQモバイル」「楽天モバイル」とい

通信費の見直しで、大きな削減を！

☑不要なオプションは解約
☑使っているデータ量や通話時間に合ったプランに変更
※大手キャリアのプランもどんどん新しくなっているので、半年に一度はチェック！
☑家族割など利用できる割引プランがないかショップで相談
☑通話はLINEやMessenger、Skypeなどの無料通話機能を利用

さらなる節約を狙うなら…格安SIMへの乗り換えを！

Y！mobile	UQモバイル	楽天モバイル
月の通話時間によって選べるプランあり	3GBで月/1,480円〜といったプランもある	楽天会員だと、月額料金が割安になる

※そのほかにも、さまざまな事業者が格安スマホサービスを提供している

った**格安ＳＩＭへの切り替えもおすすめ**です。これらは、通信設備を自前で持たず大手キャリアから借りることで、低価格でサービスを提供しています。

デメリットは、時間帯や地域によっては通信速度が遅くなる可能性があることや、店舗のないキャリアはサポートが手薄になること。ＳＩＭカードの交換や初期設定などを説明書やネットを見ながら自力でやることもあるので、ネットや機械に不慣れな人ほど事前に調べておきましょう。月９８０円からといったプランもあるので、大幅な節約をすることが可能ですよ！

07 レンタル・シェアリングサービスを活用

〝もの〟をなるべく持たず、どうしても必要な時はレンタルする……そんなミニマリストのライフスタイルが注目されています。支出を減らすという意味でも、**不必要なものを買わない・持たない生き方は参考にしたい**ところ。

「車を使うのが1週間に一度程度なら、レンタルやカーシェアがトク」というのも、近年、共通認識になってきましたが、レンタルできるものはほかにもたくさんあります。高価で、しかも**使う機会があまりないものは、レンタル**するようにしましょう。

たとえば、スーツケース。国内スーツケースメーカー・エースの直営レンタルでは、機内持ち込みサイズを3日借りて4500円、Mサイズなら1週間借りて6200円（シリーズによって差あり。往復送料は無料）です。レンタルなら、旅行の日程に応じて使うスーツケースの種類を変えたり、スーツケースを**保管するスペースが不要になったり**というメリットも。なお、こうしたメリットは、レンタル全般にあてはまり

いま話題のサブスクリプションを使いこなそう！

Laxus
6,800円／1か月
ヴィトン、エルメス、グッチなどの有名ブランドのバッグを、レンタルできる

エースコンタクト
1,800円〜／1か月
コンタクトレンズの定額制サービス。同じ商品の再注文だけでなく、度数の変更にも対応

MECHAKARI
5,800円／1か月
新作・新品のみの洋服レンタルサービスで、「60日間」借り続ければ、自分のものにできる

カルモ
1万円台〜／1か月
月額定額のリース料金で、国産全メーカーの新車を長期契約で借りられる

ます。

女性にとって、思い切った削減が難しいのがファッションにかかるお金。そんな人のために、定額料金で毎月新しい服をレンタルできるサービスもあります。

エアークローゼットというサービスでは、月6800円で3着ずつスタイリストが選んでくれた服を借り、気に入らないものは交換可能。サスティナは、月4900円で10着まで自分で選んだ服を借りられ、毎月3着交換できます。

購入するのは下着や定番の服だけにして、**トレンドの服はこうしたレンタルを上手に活用**するのもよいでしょう。

08 給与明細でマネーリテラシー向上！

突然ですが、給与明細をきちんと見たこと、ありますか？「見たって収入が増えるわけじゃないし……」と、ろくに見もせずにしまっていませんか？とくに給与明細が電子化されている職場だと、わざわざパスワードを入力したりするのが面倒なのか、まったく確認しないケースが多いようです。

しかし実は、給与明細には、自分が稼いでいるお金のことはもちろん、給料から差し引かれているお金のことなど、大事な情報がたくさん載っています。給与明細を見ると、「えっ、収入（額面）からこんなにいろいろ引かれて、手取りはこれしかないんだ」「うちの会社って、こういう手当がつくんだ」といったことに驚くはず。時には「あれ、残業代がきちんとついていないのでは」といった、会社の問題に気付くことも。そうしたことを把握することは、お金に関する知識を身につけ、活用する力、いわゆる〝マネーリテラシー〟を磨く第一歩となります。

給与明細は大きく分けて3つのパーツでできている

1 支給
「基本給」のほか、残業代である「時間外労働手当」などの明細。ちなみに、「額面」とは税込みの総支給額で、「手取り」とは税金や社会保険料を差し引き、振り込まれる金額のこと

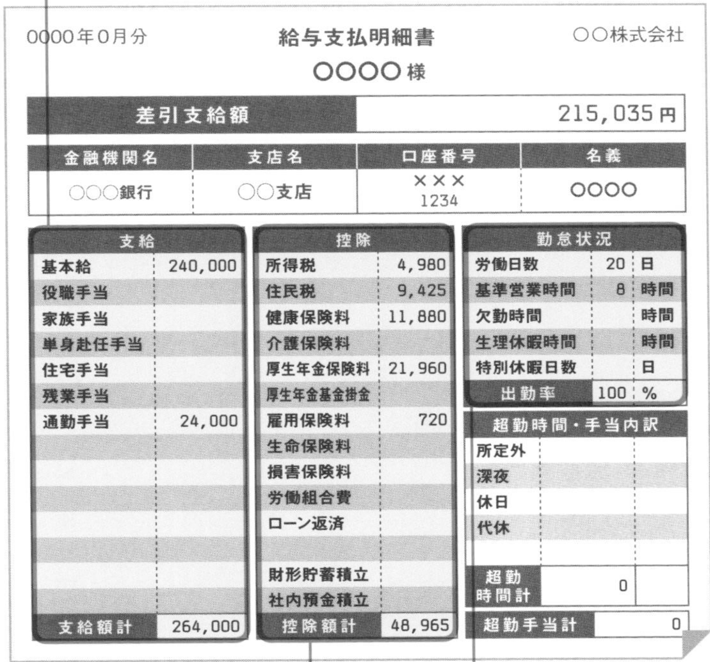

0000年0月分　**給与支払明細書**　〇〇株式会社

〇〇〇〇 様

差引支給額	215,035 円

金融機関名	支店名	口座番号	名義
〇〇〇銀行	〇〇支店	××× 1234	〇〇〇〇

支給	
基本給	240,000
役職手当	
家族手当	
単身赴任手当	
住宅手当	
残業手当	
通勤手当	24,000
支給額計	264,000

控除	
所得税	4,980
住民税	9,425
健康保険料	11,880
介護保険料	
厚生年金保険料	21,960
厚生年金基金掛金	
雇用保険料	720
生命保険料	
損害保険料	
労働組合費	
ローン返済	
財形貯蓄積立	
社内預金積立	
控除額計	48,965

勤怠状況		
労働日数	20	日
基準営業時間	8	時間
欠勤時間		時間
生理休暇時間		時間
特別休暇日数		日
出勤率	100	%

超勤時間・手当内訳		
所定外		
深夜		
休日		
代休		
超勤時間計	0	
超勤手当計	0	

3 控除
給与から引かれた社会保険料、所得税、住民税などの金額。厚生年金と健康保険料は、毎年4月～6月の給与の平均額で決まるため、残業代などでこの期間の給料が高くなると、保険料が上がる

2 勤怠
出勤や欠勤、有給休暇、遅刻、早退などの日数・時間。出勤日数によって支給額に変動があるため、必ず実情と合っているかを確認しよう

09 社会保険料について知っておこう！

正社員の場合、給与から引かれるのは、所得税と住民税、そして社会保険料です。社会保険料は収入の15％ほどで、所得税と住民税を合わせると、一般的な会社員なら給与から2割程度が引かれることになります。

正社員の給与から引かれる社会保険料の内訳は、**「厚生年金保険料」「健康保険料」「雇用保険料」、そして40歳以上なら「介護保険料」**です。「15％も引かれるなんて」とうんざりするかもしれませんが、そのおかげで**充実した社会保障を受けられる**のです。たとえば、厚生年金保険の加入者は、老後にもらえる年金がフリーランスや専業主婦より多くなり、障害状態になったときの障害年金をもらう条件も優遇されます。健康保険では、病気やけがで仕事を休んだ際に「傷病手当金」が支払われます。雇用保険では、在職中に育児や介護のために休んだ際に手当てがもらえるほか、失業したときも基本手当を受け取ったり、再就職支援が受けられたりするメリットが。

雇用保険の「教育訓練給付」制度

「一般教育訓練給付金」が利用できる講座

- 情報処理技術者資格
- 簿記検定
- 各種語学検定
- 介護職員初任者研修修了をめざす講座など

「専門実践教育訓練給付金」が利用できる講座

- 看護師
- 介護福祉士
- 美容師
- 保育士
- 栄養士
- 調理師
- 歯科衛生士
- 社会福祉士
- 理学療法士
- キャリアコンサルタントなど

受給資格の有無などを、ハローワークで確認（支給要件照会）して、教育訓練給付を受けられるかどうか、あらかじめチェックするんやで！

また、雇用保険には「教育訓練給付」制度があります。**キャリアアップのために教育訓練講座を受講すると、自己負担した経費の一部が戻ってくる**というもので、一定の条件を満たす人が利用できます。「一般教育訓練給付金」対象の講座なら、費用の20％（上限10万円）。中長期的なキャリアを育成するための「専門実践教育訓練給付金」対象講座なら自己負担の50％、特定の資格を取得して、1年以内に雇用された場合は、さらにプラス20％、合わせて最大3年間で１６８万円（長期専門実践訓練なら最大２２４万円）が戻ってきます。

10 自治体サービスは利用しなきゃ損！

給与明細を見ると、所得税はもちろん、住民税も意外とたくさん納めていることがわかります。その金額を見たら、**自治体が提供している住民サービスを利用しなければ！**という気持ちになりませんか。

若い世代でも利用できるサービスとしては、

- **図書館**…単行本を借りられるほか、雑誌の最新刊の閲覧ができたり、ＣＤを借りたりできる場合も。
- **公的なスポーツ施設**…格安でジムやプールが利用できる。
- **公民館などで開催される無料または格安の講座**…料理やフラワーアレンジメント、家計管理などを学べる。
- **自治体指定の保養施設**…格安で宿泊できる。
- **自治体が主催するコンサートや講座**……格安で参加できる。

各自治体サービスの事例

東京都中央区では、妊娠したらタクシー利用券1万円分、出産祝いに、区内共通買物券3万円分を支給

東京都新宿区では、18～28歳までの勤労単身者を対象に、家賃9万円以下の物件で、抽選に当選すれば、月額1万円を最長3年間受け取れる家賃補助制度がある

千葉市では、健康促進のためにスマホ歩数計アプリを活用し、ポイントを貯めるサービスがある。一定ポイントを貯めると、WAONポイントへの交換などができる

東京都では、特定不妊治療について、医療保険が適用されない治療費の全部または一部を助成する制度がある

また、地方はもちろん都市部でも、若者の定住促進を狙って、さまざまな助成・支援制度を実施しています。**転入助成金、家賃・住宅の助成金、起業や就農の助成金、結婚・出産助成金**など……。中には婚活イベントを開催する自治体もあります。

こうした制度は、大々的に広報されることは少ないので、自分で調べて見つけて、申し込む必要があります。**自治体の広報誌やホームページをチェック**して、利用できるおトク情報がないか探してみて。せっかく税金を納めているのですから、その分有効利用しましょう！

11 ふるさと納税で返礼品をゲット！

ふるさと納税とは、生まれ故郷や被災地など、自分が好きな自治体を選んで応援する「寄付」のこと。**自治体に寄付をすると「寄附金控除」が適用されて、所得税や住民税が軽減**され、その額によっては実質的に年間2000円の負担だけですみます。このふるさと納税が多くの人に注目され、利用されているのは、**寄付に対してお礼の品（返礼品）を届けてくれる自治体がある**から。その種類はさまざまで、各地域の特産品である高級肉、魚介類、お米、お菓子、地酒といったグルメのほか、タオルや食器といったものも。つまり、たった2000円で豪華な返礼品がもらえるのです。どの自治体がどんな返礼品を用意しているか、自分のふるさと納税の上限額はいくらかといったことは、「さとふる」「ふるさとチョイス」といったふるさと納税の紹介サイトで確認することができます。また、各自治体への寄付の手続きもそこでできます。

おトクなふるさと納税の流れ

1. **支援する自治体を選んで、納税する。**確定申告不要な給与所得者等であれば、ふるさと納税ワンストップ特例の申請を行う

↓

2. **返礼品が各自治体から送られてくる**

↓

3. **“ふるさと納税ワンストップ特例の申請書”を提出**するか、ふるさと納税を行った**翌年の3月15日ごろ（年によって異なる）までに、住所地の所轄の税務署に確定申告を行う**

↓

4. 確定申告を行うと、**ふるさと納税を行った年の所得税から控除される。**ふるさと納税ワンストップ特例の場合は、ふるさと納税を行った翌年度の住民税の減額という形で控除になる

ふるさと納税を行い、所得税・住民税を軽減してもらうには、原則として確定申告を行う必要があります。

ただ、会社員については、ふるさと納税を行う際にあらかじめ申請することで**確定申告が不要になる「ふるさと納税ワンストップ特例制度」が利用できます。**なお、このワンストップ特例制度の適用を受けられるのは、その年の所得についてて確定申告をする必要がない人で、ふるさと納税を行った自治体の数が5つ以内である場合のみです。5つより多くの自治体に寄付した場合は、確定申告を忘れずに。

下記の表に、自分と家族の年齢や夢を書いていくんや！
そしたら、いつまでに、いくら貯めたらええのかが明確になるで！ これをつくるのがお金を貯蓄するための第一歩や！

自分のライフプランを描こう!

単位：万円

西暦	（例）						
自分の年齢	32						
家族の年齢	36						
家族の年齢	3						
家族の年齢							
家族の年齢							
ライフイベント・夢	沖縄旅行						
ライフイベント費用	30						
家族の収入	350						
自分の収入	250						
そのほかの収入							
世帯の収入合計(A)	600						
生活費	200						
居住費	144						
教育費	12						
保険料	24						
イベント費用	30						
支出合計(B)	410						
その年に貯蓄できそうな額(A-B)	190						
資産の合計額	390						

COLUMN

タイムイズマネー！時間の使い方も見直そう！

贅沢をしているつもりがないのに、お金が貯まらないズボラ女子。そんな、ズボラ系女子の特徴として挙げられるのが「時間の使い方」が下手なこと。「タイムイズマネー」という言葉が意味するように、時間はお金と同じくとても貴重なものである反面、自分次第でいくらでもムダに浪費できてしまいます。ダラダラとスマホを触り続けて、気付けば２時間も経っていた……今日こそ〇〇をしなきゃ！と思いつつ、あっという間に数日過ぎてしまった……なんてことはありませんか？

お金が貯まる人は、うまく時間を使って１日を過ごしています。たとえば、100均などの便利時短グッズを使って時短料理をつくり、あいた時間は資格取得のための勉強にあてるなど、時間を捻出して自分を高める努力をしています。こういった時間を有効的に使う努力が、最終的にはその人のキャリアアップなどにつながります。また、時間のムダを見直すと、お金のムダも見えてくるものです。限りある時間を自分のために大事に使いましょう。

PART 2

「もったいないマネー」を減らす

お金があったら、とにかく使ってしまう浪費家女子は、
まず財布の中身を確認してください。
財布の中身がごちゃごちゃになっている人は、
そこを整理することから始めてみましょう。
そして、自分のお金の使いみちが
「消費」なのか「浪費」なのか考える癖をつけましょう。

中身の整理が重要
ごちゃごちゃ財布に要注意！

あの、おつり…
あっ、すいませんちょっと待って
ササっ
後ろからブタちゃんがめっちゃ見てるぅ〜
じー
!!
あっ、レシートは結構です！
あほー！
何、レシート断っとんねん！
キャー
黙って見とったけどなんや！その財布！
パンパンやないか整理せい！
そうなのいつの間にか…ね
困った困った
人ごとみたいにいうな！

お前…ホンマ典型的な浪費家タイプやな…
えー！ひど！
まるで私がムダ遣いの天才みたいにいうのね…
ようわかってるやんか…
あんなームダ遣いする浪費家の人間はだいたい
財布の中がごちゃごちゃしてて汚いんや
そんで財布の中身見てみ？
あ！勝手に出して…
バラ
バラ
バラ
いらんレシートやほぼ使ってへんポイントカード
レシート
ポイントカードの山
うっ！

そして
クレジットカード
が出てくる
出てくる…
ポイッ
ポイッ
もう！
ポイって
しないで…
だってこれは
クレジットカード
つくったら
おトクになるって
キャンペーンだった
んだもん…
ほう
じゃあ聞かせて
もらうけど
その
クレカたちが
毎月何日にどの
銀行からどの
くらい落ちて
いくかわかって
るんか？
え…
わかんない…
かも…
せやろ？
財布の中身が
ごちゃごちゃしてる
からお金の流れが
把握できてへんのや
結果、どんどん
使ってしまうけど
カード払いやから
それに気が
付かへん
うぅ…
耳が痛い…
そんなんやから
財布はパンパンや
のに貯蓄額は
スリムなんや
ウケる～！
ウケるとこ
ちゃうぞ

お前いつもクレジットカード使ってんのんか？
え？ うん、だいたいクレカ支払いかな
クレジットカードは便利やしポイントもつくからたしかにおトクや
でもお前には現金払いのほうが「使ってる」って意識が持てるからおすすめや
現金払いじゃすぐお金なくなっちゃうもん
ズーー
カードでも同じ額なくなってるんやで！
出費には種類があるんや「浪費」と「消費」
浪費家タイプはまずこの2つの違いを意識せなあかん
浪費
消費
「浪費」とは簡単にいえばムダ遣い
計画性のない衝動買いとかや！
「消費」は生きていくために必要な支出
家賃や光熱費、自炊のための食費なんかはこっちやな

すなわちいま、
お前がやらんと
あかんのは浪費を
減らすこと…
って、いうてる
そばからなんや
そのショップ
バックの山は!?
きゃー
いつの間に
買ったんや!
道沿いに
かわいいお洋服
があって、つい♡
テヘ♡
ホンマに
息を吐く
ように浪費
するな…
で? そんなに
たくさん買った
洋服、さぞかし
大切にしてるん
やろな…?
ギクっ

も、もちろん
お部屋に飾って
お洋服に囲まれた
快適な生活
だもん…
ぐちゃ
回想されとる
部屋が寝るとこ
ないくらいベッドに
服が積んで
あるんやが？
こんなものばかり
の部屋じゃ浪費
なんか治らへん!!
使ってへんものや
いらんものを捨てて
本当に必要なものを
リスト化！
ほんで、
すぐ買わない！
そっか…お金
使いすぎてたよね
もうお買い物は
禁止だね…
シュン…
とはいえ、
「消費」まで
ムリに減ら
そうとせんで
ええんやで

それに、スキルアップのためのお金は浪費と思わんでええで！

スキルアップ？

資格の勉強や新しいことに挑戦する時の初期投資は、未来の自分に還元されるんやから「投資」や！

スキルアップ

そっか…私も取りたい資格あるからがんばってみようかな…

めざせ！ファッションアドバイザー!!

なんかまたお金かかりそうな資格選んだんだな…

01 週に一度はレシートをチェック！

世の中ではキャッシュレス化が進んでいますが、自分の浪費癖を直したい、何に使いすぎているのか知りたい、といった場合は、現金払いにこだわってみましょう。なぜなら、**現金払いのほうが、自分が何にどのくらいお金を使っているのか実感しやすい**から。そして、あとから出費を振り返るためにレシートは必ず受け取りましょう。

お金の出入りをきちんと把握し、ムダ遣いを防ぐために理想的なのは、家計簿をつけること。その際、**つけるだけでなく、集計まですることがマスト！** 1か月だけでもこれを実践して、理想の家計割合と比較すると、何にムダ遣いをしているかがわかります。家計簿は、手書き、表計算ソフト、アプリなど、なんでもかまいません。

一方で、仕事で忙しくてそれどころじゃない、ズボラで家計簿なんて続かないという人には、別の方法があります。それが週に一度のレシートチェックです。**レシートをもとに、自分が1週間で何にいくら使っているのか計算する**のです。

レシートチェックする3グループ！

① 食費
- スーパーやコンビニでの買い物
- ランチ代など

② おこづかい
- 飲み会
- レジャー代
- ファッションやコスメ、美容院代など

③ その他
- 日用品
- 医療費
- 交通費

この3つに分けてレシートを整理するだけや！週1回集計して、どこにお金を使っているか把握しよか！

働く女子の場合、ランチやカフェ代、コンビニのおやつ、ファッションやコスメにお金を使いがちなので、そのあたりの費目を重点的にチェックして。

もし、「コーヒーショップの出費がネックかも」といった自覚があるなら、気になる費目を重点的にチェックしましょう。「コーヒーショップに週2000円も使ってる！」と気付けば、「自宅で淹れてマグボトルで持ち歩こう」「週2回に減らそう」といった対策を考えます。

すべてを我慢する生活は長続きしないので、**家計全体のバランスを見ながら、できる範囲で目標を立てましょう。**

02 会計前の脳内清算&無買デーを実践！

スーパーやドラッグストアに買い物に行くと、お目当てのもののほかに、「これがあると便利かも」「あっ、セールで安くなってる」「この新商品、どんな味かなぁ」などと、余計なものまでつい手が伸びてしまうもの。気が付けば、買い込んだ食品が賞味期限切れになっていたり、保湿クリームが3つもあったり……。そんなふうに「ついで買い」したものが使いきれずにムダになってしまうこと、ありませんか？　これは、**お金を捨てているのと同じ**ことです！

そこでおすすめしたいのが、「無買デー」をつくること。**「無買デー」とは「何も買わない日」**のこと。たとえば「毎週火曜は、スーパーにもコンビニも行かない」と決めて、その日は家にあるものですませるのです。

ドラッグストアなど、行く回数は少ないけれど使う金額が多い店の場合は、「給料日前の10日間は行かない」などと決めてみるとよいでしょう。

スケジュールで「無買デー」を管理しよう！

令和〇年△月

月曜日	火曜日	水曜日	木曜日	金曜日	土曜日	日曜日
			1	2	3 映画！	4
5	6	7 無買デー！	8	9	10 美容院	11
12 エイコ宅で鍋パ♥	13	14 無買デー！	15	16	17 ドラッグストアでの買い物厳禁！→	18
19	20	21 無買デー！	22	23 ヨガ	24	25
26	27 給料日	28 無買デー！	29	30 送別会	31	

買い物の際も一工夫

買い物をするときも、ムダ買いをしない工夫が必要です。たとえば、お店ではカートを使わず、買い物カゴを手で持つようにしましょう。買っているものの重さを直に感じることで、買いすぎを防ぐことができます。

何より大切なのは、**その日の買い物の上限額を決めておく**こと。「1000円まで」と決めたら、その額を超えないよう、レジにたどり着く前に計算しながら買い物をします。超えるようなら、どれかひとつを棚に戻すようにしましょう。

03 買い物前に優先順位を決める

お金を上手に貯められる人は、お店で「ほしい！」「かわいい！」と思っても、衝動的に買うのではなく、**買い物前に「必要なものリスト」をつくって、リストにあるものだけを買う**ようにしています。

ただ、買い物リストをつくるといっても、あれもこれもほしくて、全部「買わなきゃいけないもの」に思えてしまうこともあります。とくに浪費家タイプの場合、ファッションや趣味に関するものだと、「すてきな自分でいるための必要経費！」「がんばっている自分へのごほうび！」と歯止めがきかなくなってしまう人が多いようです。

節約しなきゃいけないとわかっているけど、買い物リストの内容を絞り込めないとお悩みの人におすすめなのが、左上の図でご紹介する「買い物リスト用マトリックス」です。

まず、自分が買おうとしているものが、「必要なもの」なのか、それとも単に「ほ

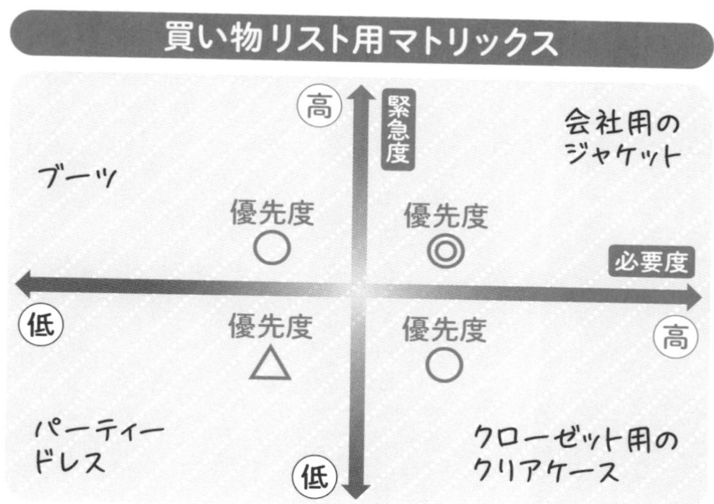

しいもの」なのか。そして自分にとって緊急度が高いのか低いのか。自分が買おうとしているものがマトリックスのどこにあてはまるのか考えてみるのです。**「必要なもの」で、緊急度が「高い」なら買い物リストに入れます。**「ほしいもの」で緊急度が「低い」ならあきらめましょう。あとは予算に応じて、買い物リストに入れるかどうかを判断します。

お店を歩いていて、目にとまったものを「ほしい！」と思っても、頭の中にマトリックスを思い浮かべ、それが本当に必要なものなのか自分に問いかけ、衝動買いを防ぎましょう。

04 貯蓄は「先取り」でしっかり確保

お金を確実に貯めていきたいなら、必ずやってほしいことがあります。それは「先取り貯蓄」。毎月の給与が振り込まれたら、**最初に貯蓄分をキープしておく**のです。そのうえで、残ったお金で生活しましょう。不思議なもので、節約しながら生活して貯蓄のために1割残そうとするとうまくいかないのに、最初から収入の9割しかない状態で生活するほうが、ムリなく過ごせてしまうものなのです。さて、その貯蓄分をキープする方法ですが、自分で貯蓄分のお金を引き出して別口座に移動させるやり方はNG。面倒になったり、うっかり忘れたりして長続きしないからです。おすすめは、**給与から天引きされるしくみを利用して、自動的に貯蓄していく方法。**とくに、これまでまったく貯蓄ができていなかった人が始めるとしたら、次の2つがよいでしょう。

ひとつが会社の「財形貯蓄」で、もうひとつが銀行の「自動積立定期預金」です。

財形貯蓄制度は、勤務先が金融機関と提携して、給与やボーナスから一定額を天引

勝手に貯まっていくしくみを活用！

	財形貯蓄制度	自動積立定期預金
概要	勤務先で手続きして、給与天引きでお金を貯める。用途を自由に選べる「一般財形貯蓄」、住宅購入のための「財形住宅貯蓄」、老後に受け取る「財形年金貯蓄」がある	毎月決まった日に自動的に一定額が普通預金口座から定期預金口座に移され、積み立てができる。手続きは銀行で行う
おすすめポイント	「財形住宅」と「財形年金」は、貯蓄残高550万円まで利子に税金がかからない。「一般財形」は開始後１年経てば引き出しが可能に	振替日を給与振込日に指定すれば、天引きと同じ感覚で貯められる
注意点	引き出しなどをする際、手間がかかる。「財形住宅」と「財形年金」は本来の目的以外の用途で引き出すと、利息に20%の税がかかる	振替日を指定できない銀行や、最初に一定額を定期預金口座に預け入れなくてはならない場合がある

きしてお金を貯めていくしくみ。貯蓄の目的によっては、利息に税金がかからない分、おトクになりますし、また、簡単に引き出せないので確実に貯めることができます。

勤務先に財形貯蓄制度がない場合は、給与振込口座の金融機関で、自動積立定期を利用して。毎月決まった日に、一定額ずつ自動的に積み立てられます。

CHECK

積み立てる金額を多めに設定してしまうと、月の途中で生活費が足りなくなり、クレジットカードやカードローンに手を出してしまい、翌月以降の生活がさらに苦しくなることも。積立額を収入の25%以上にしないことをおすすめします。

05 ATMを使うのは月に一度だけに！

お金の貯めグセがつくまでは、なるべく現金払いにしたほうがいいのは、P78でご説明した通りです。その現金ライフを送るにあたって、気をつけたいのがATMからお金を引き出すタイミングです。**一番いいのは、月に一度、1か月分の生活費をおろしたら、あとはそのお金で次の給料日までやりくりすること。**1万円引き出して、なくなったらまた1万円引き出す……というその場しのぎの方法よりも、残っている金額を見ればいくら使っているのか一目でわかるので、ムダ遣いを防ぐことができます。

使いみち別に財布分けや袋分けを

「財布にお金があったら、つい使っちゃう」タイプの人なら、**あらかじめ使いみちや使うタイミング別にお金を分けておく**という対策を。たとえば、引き落とし分以外の現金を全部1000円札にして引き出して、食費＋その他とおこづかいを5週分に

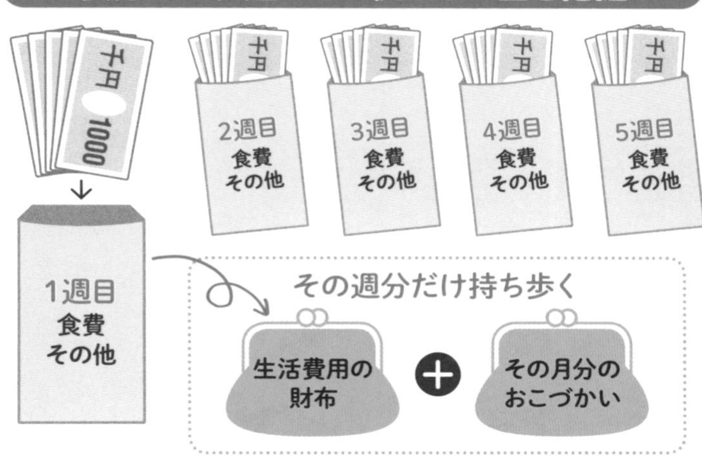

分けて、茶封筒またはジップ付きビニール袋に振り分けておきます。

そして、**財布に入れて持ち歩くのは、その週に使ってよい現金だけにする**のです。5週目は2、3日しかないため、金欠の週のバックアップとしても考えておくとよいでしょう。

おこづかいは週末しか使わないし、袋分けするまでもない……という場合は、おこづかい専用の財布にまとめて入れておく方法でもかまいません。

このやり方なら、用途別に残金を把握できるので、予算を守りやすくなりますし、家計簿をつける必要もなくなります。

06 週に一度、財布の中身をリセット

お金持ちのお財布って、どんな感じかイメージできますか？　「ブランド物の長財布に、お札がぱんぱんに入っている」と思われがちですが、そんなことはありません。

お金持ちの人の財布は、多くの場合、**「中がすっきり整理されていて、財布の状態がきれい」**であることが多いようです。

逆に、「お金が貯まらない人」「浪費が多い人」の財布は、レシートやポイントカード、クーポン券、クシャクシャになったお札、小銭でふくれあがり、おのずと財布の表面もいびつになり、はしっこがほころびている……という残念な状態になっていることが多いのです。こんな財布では、自分がいくら使っていくら残っているのかもわからないまま浪費し続けたり、せっかくのクーポン券を使いそびれたりして損をするなどといったことが頻繁に起こるのです。

お金を貯めたいのなら、**定期的に財布の中身を整理整頓しましょう。**おすすめの夕

お金をムダにする財布に要注意！

- ☑ 1週間以上前のレシート、領収書
- ☑ 期限切れのクーポン、ポイントカード
- ☑ 使っていない会員カード、クレジットカード
- ☑ 財布の形が変わるほどの大量の小銭
- ☑ クシャクシャのお札

↓

週に一度は財布を整理整頓&リセット！

イミングは、**P78で紹介した週1回のレシートチェックのとき。**レシートのほかに、会社の経費精算がすんでいない領収書や、期限切れのポイントカードやクーポンがないかチェック。不要なものは捨てます。

そして、小銭は取り出して、袋や箱に取っておいて、貯金にまわしてしまいましょう。ある程度貯まったら、「貯める」口座にATMの小銭投入口を使って預け入れるとよいでしょう。

財布をリセットして、すっきりさせたら、中身もきちんと把握できて、賢いお金の使い方ができるようになります。

疲れない節約術
自動引き落としのワナにご注意を

ブタちゃんと約束したお洋服の整理やっと終わった…
あとは財布の中身か…
これもこれも…わーコンビニのレシートばっかり！
私ほんとムダ遣い多かったんだなー
ん？スポーツジムの会員証？
あー！懐かしい！駅前のトコの！
ジム通ってたんか？
うん！でもまだ解約してないから正確にはいまも…
まだ解約してへんやと…？
やば

っちゅーことは使ってへんのに毎月利用料払ってんのか！
それこそムダの極み！1秒でもはよ解約せぃ！
あ、待って？
くるっ
使ってない月額サービス、まだあるかも
てへ♡
てへ♡ちゃうわ！
月額料金で行き放題の脱毛サロン、もう面倒くさくて行ってないし
スマホで見れる有料動画サービス多分半年ぐらい見てない
ほかにも入会した記憶があるけど退会した記憶ないサービスがちらほら…

よくもまぁ
そんな
次から
次へと…
乙女の
たしなみよ♡
えへへ♡
使わへん
なら意味
ないやろ
そんな何個も
あったら毎月の
引き落としで普通
気付くやろ…

だって
通帳なんて
見てない
もん♡
あは♡
見とかん
か――い!
ガシャーン

せめて通帳
記帳はするクセを
つけんかい!
わかった
わかった～
ドス
ドス
ATM

ブタちゃん
ちゃんと通帳記帳
してきたよ～
よし、ええぞ
どうやった?
うーん、
どうって
いわれてもなぁ…
とくに問題
ないけど
知らない
お金が何度か
引き落とし
されてる
いや、
それがすでに
大問題やろ
お前
みたいな奴は、
もう自動
引き落とし禁止や
え――!
そんなの絶対
面倒くさいし
効率悪い
じゃん!
お前が
テキトーすぎる
からやろ!
偉そうに効率とか
いえる立場かいな!
ダ――

自動引き落としは便利やけども使ってる感覚がなくなるから
「これ現金でも毎月支払うか？」って自問自答せなあかん
？
野放しにしてたら不正利用されても気が付かへんし…
私、クレジットカード不正利用されたことある！
あ？
なんかカード会社から「不正使用されてる可能性あります」って電話かかってきて
ホンマにあるんか!?
海外からのアクセスで私と同じような謎の引き落としが多発したからわかったみたい
だったら余計に気をつけんかい！
その時はたまたまカード会社が気付いてくれたからええけど、わからんかったら抜かれたままやったっちゅーことやで！

っていわれても
カード多すぎて
確認するのも
大変…

何個もカードあるし

最近はネットで
確認できるとこも
増えてるし、スマホで
要領よくチェック
するのが楽やな

ほれ見てみ？
これがお前の
使ってへん
月額サービスの
年間合計金額や

行っていない ジムの代金	月額10,000円 ✕ 12か月 ＝120,000円
行っていない 月額脱毛サービス	月額9,500円 ✕ 12か月 ＝114,000円
見なくなった 有料動画サービス	月額1,800円 ✕ 12か月 ＝21,600円

わ！ 大したこと
ないって思ってた
けど1年にする
とすごい額！

に、25万円…ってことはもしかして…

ガーン
新車買えちゃう？
いや買えんやろ

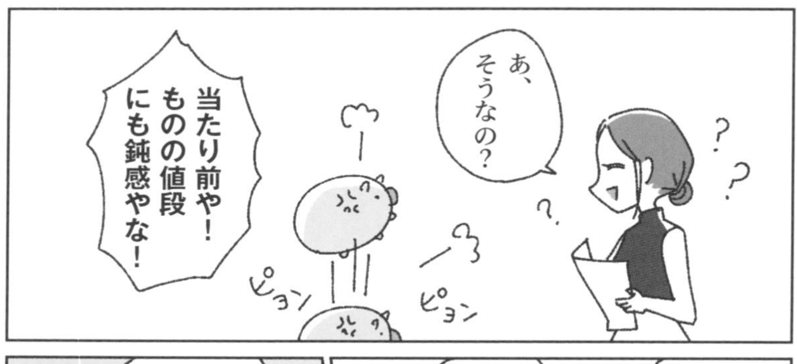
あ、そうなの？
当たり前や！ものの値段にも鈍感やな！
ピョン
ピョン

…お前、給料毎月いくらや？
えっと、残業手当とか付けてだいたい25万円…
はっ！
つまり、私1か月のお給料まるまるゴミ箱に入れてたってこと…!?
そういうことや
Trash

気持ちも小さくなりがちな節約
でもな、節約っちゅーても「疲れる節約」と「疲れない節約」があるんや
疲れる節約はしんどいけど
疲れへん節約はどんどんせな損や！
自動引き落としの見直しはまさに「疲れない節約」
定期的に見直すことで、あとは、なんもせんでもムダな出費を防げる
よし、解約完了！
これで来年からお給料が年13回になったみたいなもんね
せや！ いままで意味のない出費になっとったんが手元に残るんやこれで来年は1か月の給料分…
お買い物できるね♡
いや、貯金しろ
バン

07 冷蔵庫やクローゼットの中を撮る

ドレッシングや詰め替え用洗剤など、家に在庫があるのにうっかり買ってしまうものってありますよね。洋服でも、定番のカットソーなど、似たようなものを何枚も持っているのに、セールの熱気に押されて、またゲットしてしまったなんてことも……。

これを防ぐ一番の方法は、**買い物前に在庫を確認したうえで、買うものをリストアップする**こと。

でも、「日々の買い物のためにリストをつくっておくなんて、面倒でできない！」という人も多いでしょう。そんな人には、別の方法があります。それは、**在庫の写真をスマホで撮っておく**ことです。

スーパーに行く前に、冷蔵庫、冷蔵庫のドアポケット、冷凍庫、常温食品のストックをパシャリ。バーゲンに出かける前に、クローゼットや引き出し、靴箱をパシャリ。その画像を買い物時に確認すれば、自宅の在庫状況が一目でわかるというわけです。

写真を撮って、ムダな買い物を防ぐ！

画像を見て、片付けのきっかけに

普段、なんとなくながめている冷蔵庫やクローゼットですが、なぜか画像で客観的に見ると、「ごちゃごちゃで汚い」「これ、絶対使わないのになんで置いてあるんだろう」といったことにハッ！　とするはずです。

そう感じたら、片付けのチャンス！　**不要なものを捨てて、残ったものをきれいに収納し直しましょう。**在庫が把握しやすくなって、手持ちを上手に使いまわせるようになり、その結果、ムダ買いもなくなります。

08

「貯め上手」は「捨て上手」

ものの管理をきちんとできるかどうかは、お金の管理能力に直結しています。お金を貯められている女子と、貯められていない女子にアンケートを取ってみると、お金を貯められている人のほうが貯蓄ゼロの人よりも、「部屋の整理整頓ができている」と回答した割合が高かったのです。

さらにいえば、**お金をスムーズに貯められるのは、ものを「捨てられる」人**です。逆に、「もったいない」「いつか使うことがあるかも」とものを溜め込む人は、お金が貯まりません。

「きちんと整理整頓できているのなら、ものをたくさん持っていてもいいのでは？」そんなふうに思う人もいるかもしれません。ですが、安くても、品質がよいものがあふれている現代の日本で、不要なものにお金を使うことなく、お金を上手に貯めるようになるには、「自分なりの価値基準をしっかりと持つこと」が大切なのです。

寄付先&リサイクルサービスを活用しよう！

●ユニクロ・GU製品の回収（寄付）
ユニクロ・GUの全製品が対象。店舗で回収ボックスに戻すと、難民キャンプや被災地への支援などにリユースされる。リユースできない服は燃料やリサイクル素材として活用

●H&Mの古着回収
ブランド・状態を問わず、不要な服をH&Mの各店舗へ持ち込むと、状態に応じてリユースまたはリサイクルされる

●WE21ジャパン（寄付）
世界の環境破壊・貧困の解決をめざす団体。「WEショップ」でのリユース・リサイクルがアジアなどへの支援金に。状態のよい衣類などを「WE21ジャパンエコものセンター」へ送付または「WEショップ」に持ち込み

自分なりの価値基準＝自分にとって何が必要で、何が不要かを知るために、**定期的に自分の持ち物を見直し、不要なものは手放す**ようにしましょう。

とくに、衣類は、ついつい増やしがちなうえ、捨てる決断が難しいもの。だからこそ、あえてクローゼットの中身の選別から取り組んでみて。少ないアイテムを賢く着まわす習慣がつけば、買い物での失敗もおのずと減っていきます。

また、ただ捨ててしまうだけでなく、寄付やリサイクルサービスに持ち込む、オークションサイトで販売する方法なども検討してみるとよいでしょう。

09 キャッシュレス決済はルールを決める

手元にお金がなくても、支払いが簡単にすんでしまうクレジットカードや電子マネー。これらキャッシュレス決済は便利なのですが、**何にいくら払ったのかあやふやになりがち**です。とくにボーナスシーズンは気が大きくなってしまって、あとからクレジットカードの明細を見て、その金額の大きさに「何かの間違いでは？」「ひょっとして不正利用されちゃった？」と驚く、なんてことも……。

こうした「うっかり浪費」を防ぐには、キャッシュレス決済について**自分なりにルールを決めておくことが大切**です。おすすめするルールは以下の通り。手持ちの現金がなくても買い物ができる分、いつも以上に計画的に利用するのが大切です。

クレジットカード利用時のルール

- □**カードを持つのは2枚まで**
- □**1万円以下の支払いには使わない**
- □**1万円以上の買い物をする場合の年間予算を決めておく**

電子マネーにチャージする方法と種類

前払い（プリペイド）式 ≫ **事前にコンビニや券売機で現金からチャージ**

最大いくらまでチャージできるかは電子マネーによって異なるが、チャージした金額の範囲内でしか使えない

即時払い ≫ **登録した銀行口座から直接チャージ**

口座残高以上は使えないが、チャージする手間がかからない分、使いすぎに注意！

後払い式 ≫ **利用またはチャージした金額が、後日クレジットカード会社から請求される**

どこでいくら使ったかを把握しておかないと、想定以上の引き落とし額が請求される可能性があるので要注意

使いすぎを防ぐためには、前払い式が一番ええで！

□**明細を必ず確認する**（いちいちサイトチェックをするのが面倒な人は、紙明細を郵送してもらうか、家計簿アプリとクレジットカードを連動させる）

□**支払回数は一括のみ**

□**キャッシングはしない**

電子マネー利用時のルール

□**オートチャージはNG。前払い式でチャージする**

□**チャージするタイミングと金額を決めて、その範囲内で利用**

□**使用履歴を週に一度はチェック**

10 1年以上無事故・無違反はおトク!?

身分証明書として運転免許を持っているけど、ほぼ運転しない人も多いのではないでしょうか。そんな人におすすめのサービスがあります。「1年以上無事故・無違反」の人は、なんと**宿泊施設やレストラン、ショッピングなど、さまざまな場所で特典や割引を受けられるのです！** ただし、これらの特典を受けるには、自動車安全運転センターが発行している「SD（Safe Driver）カード」が必要です。

SDカードは**1年以上事故・違反等の記録がない場合にもらえる**もので、無事故・無違反の年数によって5種類あります。そして、このカードをSDカード優遇店で提示することで、割引などの特典が受けられます。優遇内容は、「宿泊料金が10%オフ」「飲食代が5%オフ」「コンタクトレンズ代が5%オフ」などさまざま。

優遇店は、自動車安全運転センターのホームページで業種ごとに検索できるので、チェックしてみて使うチャンスが多そうなら、SDカードを発行してもらいましょう。

おトクなSDカードに申し込もう！

自動車安全運転センターに「無事故・無違反証明書」または「運転記録証明書」を申し込むと、1年以上事故・違反等の記録がない場合に、SDカードが証明書とともに発行される

証明書申込用紙	警察署、交番、駐在所、自動車安全運転センター事務所に備え付け
申込方法	証明書申込用紙に必要事項を記入のうえ、手数料670円を添えて最寄りのゆうちょ銀行・郵便局から申し込むか、センター事務所の窓口へ直接申し込み

なお、**SDカードの種類にかかわらず、同じ優遇を受けられるお店が多い**ので、ゴールド免許でない人も、ぜひチェックしてみてください。

ゴールド免許は保険がおトク

ゴールド免許は、運転免許更新の際、過去5年以内に無事故・無違反だった場合に発行される運転免許証です。ゴールド免許保持者は、「事故のリスクが少ないドライバー」とみなされ、**自動車保険の任意保険が割引になります。**ゴールド免許になって最初の自動車保険更新時は、複数の自動車保険を比較しましょう。

月の支出を把握しよう!

まずは、下記の表に毎月の支出額を記入して、
P40のお金の間取りの割合と当てはめるんや!
そしたら、どこにムダ遣いしているか見えてくるで!

	用途	支出額	合計
引き落とし支出(固定費) 毎月必ずかかるものを記入する			円
お財布支出(変動費) 食費・日用品など項目ごとに記入する			円
特別支出			円
貯蓄	貯蓄		円
合計			円

PART 3

趣味に全力！支出限定タイプのお金の貯め方

支出限定女子は、自分がお金を使っているところを、
はっきりと自分で自覚できているので、
比較的お金を貯めやすいタイプでもあります。
ほかでかかる出費をおさえる方法と
趣味に使うお金を少しでも
おトクにする方法を知っておきましょう。

楽しく賢いお金の使い方

趣味のお金は年間予算を決める

節約節約いうとってもおもろないで　目標は一生続けることやからムリしたらあかん
自分にとって価値があると思ったものにはお金を使ってええし　その分ほかに使わんといたらええんや！
ブタさん……！
みんなからいろいろ聞いてたからちょっと警戒してたごめんね
ねえ、ブタさん来た？
来てない。どうだった？
超鬼コーチ！ムダムダいうんだもん！
まぁユメミがムダ多いのは事実だけど笑
ほほう、そのグループトークはあとでじっくり見たろやないか
まぁお前は前のふたりと違ってある程度「ここにお金使ってる！」って自覚あるタイプやからな
そこは安心や
ハイ！自覚あるタイプのオタクです！
アイドル課金勢
ビシッ
あまり大きい声でいえることちゃうけどな

自分の趣味に使うお金は年間収入から計画するのがええで
まず、支出を3つに分けるんや
①引き落とし支出
②お財布支出
③特別支出
①の引き落とし支出は口座から毎月決まって引き落とされる家賃や光熱費なんかの支出のことや
PART1で出てきた固定費支出だね
②のお財布支出は食費や日用品など現金でやりくりしてる支出のことや
ユメミがいまこれで苦戦してるらしいよ
そして③の特別支出や！旅行や大きな買い物みたいな自分を満足させるための支出のことや
お前みたいな支出限定タイプなら、ライブグッズや遠征費、ライブチケットなんかがこれやな
こっち見て♡

この3つの各予算を組んでその予算内で帳尻合わせるようにしたらええ
たしかに趣味に使うお金って時期も金額もバラバラだもんね
せや！ だから月々の予算を組むより年間で組んだほうがしっくりくるんや
ボイン
それはそうと、その予算ってどう割り当てればいいの？
支出には必要なもの（NEEDS）とほしいもの（WANTS）があるやろ まずは必要なもの、NEEDSから組み立てるんや
NEEDS
WANTS
え、私にとって推しはNEEDSだよ 血液同様、ないと生きていけない
そういうことちゃうんや
そんなんいうてると誰かさんみたいになるで…
わー
名を言わずしてわかる…

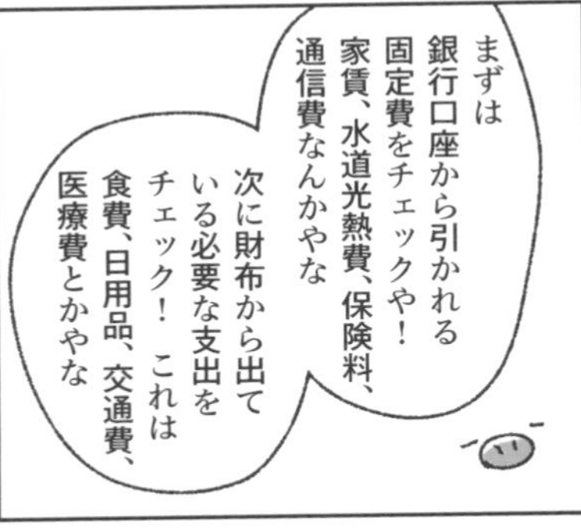
まずは
銀行口座から引かれる
固定費をチェックや！
家賃、水道光熱費、保険料、
通信費なんかやな
次に財布から出て
いる必要な支出を
チェック！ これは
食費、日用品、交通費、
医療費とかやな

ふむふむ〜
これが月
13.5万円だと
すると年間で
162万円
だね
13.5万×
キュっ
キュっ

で、お前
おこづかいは
どれだけ
ほしいんや？
3万
くらいは
ほしい！
キュっ
じゃあ
年間36万円の
おこづかいやな

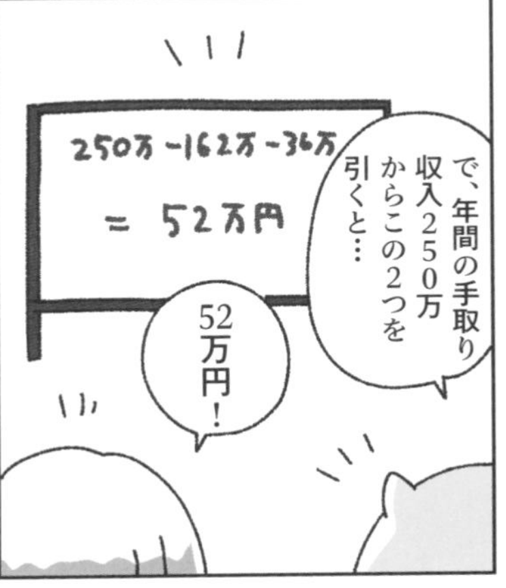
で、年間の手取り
収入250万
からこの2つを
引くと…
250万−162万−36万
＝52万円
52万円！

じゃあ年間52万
は推しに使って
いいってこと!?
待たんか
貯金はどう
なったんや！
ガ

残りの52万円で
貯蓄や予備費と
いった万が一のお金、
趣味を調整して
割り当てたらええ
52万
32万
20万
貯金
趣味
赤字家計に
なったら貯金を
崩さんとあかん
なるべく年内で
帳尻合わせて黒字に
持ち込むんや
250万中の
20万!!
年収にもよるけど、
全体の1割以内に
おさめるのが
ええんちゃうか
割り当てた
20万の予算をどう
使うかは自由！
ライブでもグッズ
でもケチケチせず
使いや！
よっしゃー!!
今年は
全国ツアー
楽しむぞー!!
12月に年越し
ライブあるから
使い切らないよう
にしなきゃね
ここまで
計画してたら
大丈夫やろ
いや…いまは
冷静でも推しを
前にすると
財布の紐が…
ご利用は
計画的に

01 キャリアプランによって2億円の差が

この先の働き方を考えた時、「ずっとバリバリ働く」「組織に属さないフリーランスとして活動」「結婚・出産後は専業主婦に」など、さまざまな選択肢があるでしょう。どんな人生を選ぶかはその人の価値観しだいなのですが、ことお金に関しては、**圧倒的に有利なのは「ずっと正社員として働き続けること」**です。

ニッセイ基礎研究所によると、大卒女性が同一企業で働き続け、出産のため2回育休・時短勤務を行った場合、退職金を含めた生涯所得は約2億3000万円。出産後、退職して専業主婦になると、退職前の累計所得は約3700万円にとどまりますから、**2億円近い差が出てきます！**

なお、第1子出産後に退職し、第2子の小学校入学時にパートで再就職した場合、生涯所得は約6100万円。また、たとえフルタイムであったとしても、非正規雇用で再就職した場合、生涯所得は約9670万円にとどまります。こうした金額も念頭に置いて、キャリアプランを描いてみましょう。

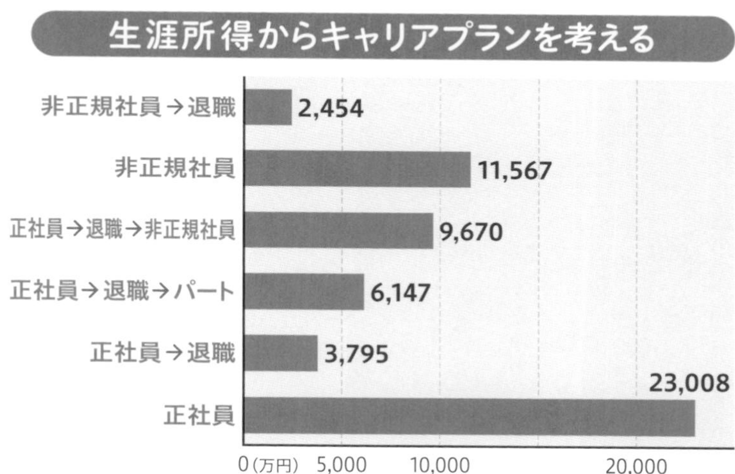

出典：厚生労働省「平成27年賃金構造基本統計調査」、及び「平成25年就労条件総合調査」から作成

働き方改革の行方に注目

気になるのが2020年4月に施行される「パートタイム・有期雇用労働法」。働き方改革の柱ともいわれる制度で、正社員でもパートでも、仕事内容や能力が同じなら、合理的な理由がない限り同額の賃金が受け取れるというものです。

この制度改正で、パートなどの待遇が改善されるとよいのですが、そうではなく**正社員の待遇が引き下げられる可能性もあります。**正社員の人も、スキルアップをはかりましょう。副業がOKになっている会社も増えています。

02 お金は生き金・死に金の2つがある

「お金を貯めるためには何もかも我慢しなきゃ！」「趣味は当分封印……」などと考える必要はありません。生きていくうえで必須ではないように思える趣味も、働くモチベーションやストレスの発散となり、自分の体と心を健康にしてくれます。そして、時には趣味の経験や人脈が仕事に通じることもあるでしょう。このような意味のあるお金の使い方をするために、**自分が使おうとしているお金が「生き金」なのか「死に金」なのかを意識して**みましょう。

「生き金」とは、**自分の人生にとって、価値のあるお金の使い方**のこと。趣味にかけるお金でも、その使い方で心から楽しめて「明日からまたがんばろう！」と思えるのならそれは「生き金」です。一方で、「死に金」とは、**「別になくてもよかったかな」「自分には必要なかった」と思ってしまうようなものや体験に使ってしまったお金**のことです。同じお金でも、まわりの空気に流されて衝動買いし、結局その後しまいこ

自分にとっての「生き金」を見極める！

自分が生きていくうえで、何を大切にしているのかを明確にしておくと、どんな出費が「生き金」となるのか、判断しやすくなります。まずは、次のようなことを考えてみて

●自分はどんな人生を送りたい？
●大切にしていることは何？
●大切にしたい人は誰？
●自分が幸せを感じるのはどんな時？
●自分が好きなことは何？

生き金

自分にとって価値があり、使うことでより幸せになる、お金の使い方のこと

例 大好きなアイドルのライブ
大好きな友達と行くご飯

死に金

使わなくても不自由がなく、満足感が得られないお金の使い方のこと

例 イヤイヤ参加した飲み会
衝動買いして、そのまま着なくなった洋服

んだまま……となってしまえば、それは「死に金」です。

お金を出す前後にチェック！

ただ、いくら「生き金」でも無制限に使っていいわけではありません。あくまでも自分が決めた予算の範囲で、限られたお金を少しでも有効に使うために「この出費は生き金なのか死に金なのか」をしっかり考えてください。まずは、お金を使う前に考え、そして使ったあと、もしくはレシートチェックなどの際に、**「これは生き金だったのか」と振り返るとよい**でしょう。

03 お金はどこに預けるのがベスト？

P42で、「使う口座」と「貯める口座」に分ける話をしました。ここでは、どんなお金を「使う口座」または「貯める口座」に預けたらいいのか、詳しくご説明しましょう。

お金の預け先を決める前に考えておきたいのが、そのお金を「いつ」「なんのために」「いくら」貯めたいのかということ。お金を使う時期が明確になると、それによっておすすめの預け先も変わってくるからです。まず、お金を預ける期間を、目的に合わせて大きく「短期」「中期」「長期」の3つに分けてみましょう。

「短期」のお金というのは、日々の生活費や住居費、水道光熱費の引き落としなどのこと。これらは「使う口座」へ。「引き出しやすさ」と元本割れしない「安全性」を重視すべきなので、給与振込の普通預金を使うのがベスト。金利はほとんどつきませんが、お金が必要な時にすぐに引き出せたり、「○○ペイ」などのスマホ決済のチャージに利用できたりする点がメリットです。ここに、生活費の6か月分をキープし

使う時期・目的に応じて預け先を使い分けよう

	短期（1年以内）	中期（10年以内）	長期（10年以上先）
目的	日々の生活費、いざという時のための半年分の生活費など	結婚費用、留学費用、資格取得費用など	老後費用、短期・中期にあてはまらない余裕資金など
ポイント	引き出しやすさを重視！	元本割れが少ない商品で安全性を重視して貯める	リスクを受け入れながら上手に増やす
預け先	**普通預金**など	**自動積立定期預金、財形貯蓄、個人向け国債**など	**投資信託、つみたてNISA、iDeCo**など

リスクを受け入れながら上手に増やす方法は、PART4で詳しく解説するで！

ておくと、病気や冠婚葬祭などいざという時にあわてずにすみます。

「中期」は、**10年以内に使う予定のあるお金**です。預け先としては、P85で紹介した自動積立定期預金や財形貯蓄のほか、個人向け国債などがおすすめです。一定期間お金を預け入れることで普通預金よりは金利が高く、しかも元本割れのリスクが少ないのがメリットです。

「長期」は、老後資金など、**10年以上使う予定のない余裕資金**のこと。こちらはインフレなどにも対応できるよう、お金を「増やす」ことを目的に、長期的な視野で投資にチャレンジしてみましょう。

04 クレジットカードは一括払いで

手元に現金がなくても、高額商品を買えるクレジットカード。ポイントの還元やネットショッピングでも大活躍してくれる、便利な存在です。ただ、ひとつ注意してほしいことがあります。それは、カード会社が勧めてくる**「リボ払い（リボルビング払い）」を選んではいけない**ということ。

リボ払いは、どんなにカードを使っても、月々の返済額が変わらないという返済方法です。たくさん使うと、返済が終了するまでの期間が、どんどん先延ばしされていきます。その間に利息がふくれあがり、**返済しているつもりでも、実際は元金が減らず、ひたすら金利だけを払っている状態になる**おそれもあります。

カード会社は、「リボルビング払いに設定すると〇千円還元！」「ギフト券プレゼント！」など、あの手この手で勧めてきます。しかしそれは、カード会社が儲かるからこそ。くれぐれもリボ払いを選ぶことのないようにしてください。

リボ払いを正しく理解しよう！

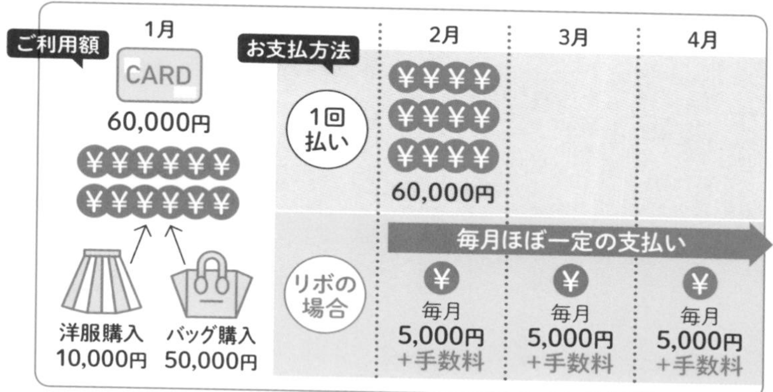

上の図だけ見ると、一気に6万円の引き落としがかかるよりも、月々の支払いを一定額にしたほうが、楽な感じがするかもしれん。
せやから、実際どれくらい総支払額が変わるかシミュレーションしてみたで。下の図をチェックや！

リボ手数料の計算例

手数料率（実質年率）：15.00%
月々の支払い額：5,000円　支払いコース：定額コース

回数	支払い金額	元金	手数料	支払い残高
1	**5,750円**	5,000円	750円	55,000円
2	**5,687円**	5,000円	687円	50,000円
3	**5,625円**	5,000円	625円	45,000円
4	**5,562円**	5,000円	562円	40,000円
10	**5,187円**	5,000円	187円	10,000円
11	**5,125円**	5,000円	125円	5,000円
12	**5,062円**	5,000円	62円	0円

手数料合計：4,872円
総支払い金額：64,872円

05 電子マネーとうまく付き合うコツは？

かつて、電子マネーといえば、Ｓｕｉｃａのような交通系ＩＣカードや、特定のチェーン店などで使えるｎａｎａｃｏ（ナナコ）やＷＡＯＮ（ワオン）などがメインでした。一方、最近になって登場したのが、ＰａｙＰａｙ（ペイペイ）やＬＩＮＥ Ｐａｙ（ラインペイ）、楽天Ｐａｙといったスマホ決済です。

「〇〇Ｐａｙ」のメリットは、スマホで支払いができて、小銭のやりとりが不要になること。お店にとっては、カードの読み取り機を用意するための費用をかけなくても、ＱＲコードを用意するだけで気軽にキャッシュレス決済を導入できるといったメリットがあります。そのため、これまでは現金オンリーだった小さな個人商店でも、ＱＲコード決済に対応するところが増えてきました。

現在、利用者獲得のために各社がさまざまな還元キャンペーンを打ち出していて、「結局どれがおトクなの？」と気になってしまいますよね。「〇％還元！」「飲食店利

電子マネー使用時のルールをチェック！

- ☑ 自分がよく使うお店、シーンで利用可能か
- ☑ チャージ方法が自分に合っているか（前払い式・後払い式など）
- ☑ 通常の還元率は何％か
- ☑ キャンペーンは、期間、適用条件、使えるお店などをしっかり確認

還元狙いでムダ遣いしないよう注意！

おトクだからと、いらないものまで買ってしまわないように気をつけよう！　とくに、キャンペーンで還元されるポイントは、使用期限が定められていることも……。結局ポイントを使い切るために、余計なものを買ってしまうハメにもなりかねません。「死に金」になりやすいので、要注意！

用で○％還元」などと聞くと、「○○Payをいますぐ使わなきゃ！」と考えてしまいがちです。しかし、ムダ遣いをしないためにも、まずはその「○○Pay」は**自分がよく使う店で利用可能なのかを確認**しましょう。そして、気になるキャンペーンがいつからいつまでなのか、1日あたりや期間中の還元額の上限はいくらなのかといった還元を受けるための条件（提携カードやスマホのキャリアなど）も確かめて。クレジットカードと同じく、**スマホ決済を何種類も使うとお金の管理が難しくなる**ので、どれを使うか考えて、厳選しましょう。

副業したい人は要チェック あれも、これも実は経費だった!?

えらい！すごいやないか！
ーあ！
え？褒めてくれるの？
てっきり「そんなアホなことするな！」って喝入れられるかと思った…
なんでや、自分で作品をつくって売ってるんやろ？立派な「副業」や！
えへへ、実は結構人気でね、そこそこ稼げるようになってるんだ！
ええやん！得意なことをお金に変えるまさに一石二鳥や！
わくわく
で、どんなのつくってるんや
ガサ
ガサ
一番売れてるのがこのお洋服でね…
じゃーん！豪華絢爛！
ジャーン
全身キラキラスーツ！
…え？

…それ、洋服…か？
どこで着るんや
正しくはライブ衣装！
きゃっ
きゃっ
これを着てライブに行けば、我らが推しとペアルックになれるのよ…！
なんや、またアイドルか
なんやとは何よ！推しは私の青春！いわば恋！
いつかイケメンの彼氏ができたらこの衣装着せて撮影会するの…
その趣味に付き合える彼氏をさがすのはなかなかハードル高いんちゃうか…
話は戻るが、副業の売り上げがある程度あるならこのまま放っておかんほうがええで
ゲ
そうなの？
「開業届」は税務署に出してるか？
開業届!?

まさか…出してないよ…
開業届ってエイコが独立する時わーわーいってた記憶しかない…
あれでもフリーランスのイラストレーター
そうか、あいつフリーランスやもんな…
そろ〜
ちなみに、副業の収入は経費引いて20万円以上か？
経費を引く…？よくわかんないけど、結構収入あると思う
せやったら確定申告が必要やし、この際に、開業届出して個人事業主になっといたらええで！
こ、個人事業主!?全然わかんないけど私には絶対ムリ!!
サーッ
でもエイコも個人事業主やで？
……
そういわれると私にもできる気がしてきた
あの子ができるなら
ホンマに友達なんやろか

たとえば会社勤務と
副業の二足の
わらじを履いてる人が
いたとして、副業が
赤字になってたら

二足のわらじ

ハンドメイド作家

サラリーマン

会社にいる時は
気が付かないけど、
税金ってあらかじめ
めっちゃ引かれてる
からね…

ゴゴゴ

圧が
すごい…

まぁ、そういうことや　現役の個人事業主も揃ったことやしまとめて説明しよか
エイコ、確定申告は白色か？それとも青色申告にしてるか？
逃
ガシッ
おトクだって聞いたから青色にしてるよ
面倒くさいけど複式簿記のほう
えらい！面倒くさいけど青色申告の複式簿記が一番おトクや！
かくていしんこく
青色
白色
控除なし
単式簿記
10万控除
複式簿記
65万控除
※一定の条件を満たした場合
白色申告やと控除はないが、青色申告の複式簿記やと※65万円の控除があるから所得からそれだけ引いてくれるんや
ここまで聞いても青とか白とかよくわかんない…
青や白は、確定申告する時の申請用紙の種類やと思ったらええで
事業したことない人にとってはピンとこーへん話題やと思うけど、知ってるのと知らんのでは大違いやで！

ハイ！質問です！先生！
挙手！
ビシッ
ハイ、じゃあそこの元気な君！
さっきから「副業が赤字になったら」って何度もいってるけど、私みたいなハンドメイド作家はそもそも赤字になんてならないんじゃ…？
うん、ええ質問やな！
たしかに仕入れのない副業であれば赤字にはならんように思えるかも知れんが
実際には「売上金」から「経費」を引いた額が所得になるから、売上金より経費が多くなればそれは赤字っちゅーことや
売上－経費＝所得
一言でいうと「経費」やけどどんなもんが経費になると思う？
うーん、私の場合だと材料費くらいだけど…
??
たしかに材料費は立派な経費！ラッピングにかかる梱包代なんかも経費やなでもまだまだ経費にできるお金はあるで！
ハンドメイドのイベントに出展するんやったら出展費や準備費用も経費やし、出展せんで見に行く側でも入場料や交通費も全部経費や
え、そうなの!?

来年はハンドメイド系のイベントも出ようと思ってたから経費も結構大きいかも…
うーーん…
それだけちゃうで
事業に関わることやったら、すべて経費として計上できるのが個人事業主のメリットや！
たとえばー
私は自宅マンションで仕事してるけどニジコはどこで作業してる？
え、私も自宅だけど
まさか…
フフ…
ジャーン
そのまさか！自宅を作業場にしてる場合、その家賃や光熱費、通信費も一部経費になる！
ドドーン
・家賃
・光熱費
・通信費
えー！そんなとこまで!?

たとえば家の
30％の面積を仕事
で使ってるから30％
は経費、とかルール
を決めて
家計と兼用
してるものの
一部を経費に計上
できるんだよ
青色だけの
家事按分

30％でも、
毎月ってなると
結構大きい額に
なるよね…！

たとえばPC
やスマホで作業
してるんやったら
それを買う時も
経費になるし

ネットなどの
通信費も
もちろん
経費の対象や
ガーン
え、ネットの
通信費も!?

そんなに経費に
なるって知らずに
いままでいた…
ズーン
確定申告とか
面倒くさくて
考えたこと
なかったから…

確定申告は
怖くないで
むしろそんだけ
副業収入あるのに
申告せぇへん
ほうがよっぽど
リスキーや！
追徴課税
とられるで

確定申告するなら
レジで受け取る
レシートや領収書は
しっかり保管
するんやで！
アプリも経費だし
難しそうに感じる
かもしれないけど、
最近は便利な
アプリも多いから
ニジコならちゃんと
管理できるよ！
ありがとう…！
あんなにテキトー
だったエイコが
ちょっと頼もしく
見えてきた…！
私もブタさんに
たくさん教えて
もらったしね…
それに難しい
ことは全部…
フッ
税理士さん
に任せてる
そんなこと
だろうと
思った…
よい子はまずは
自分でも
頑張ろう!!

06 通販の送料無料に騙されない

24時間いつでもスマホやPCで「ポチッ」とすれば、ほしいものが自宅に届くネットショッピング。いまや、当日配達といったサービスもあるので、仕事や子育てで忙しい人にとっては、とくにありがたいサービスですよね。

ですが、ネットショッピングをする際、**注意してほしいのが送料の存在**です。通販サイトによっては、「〇円以上購入で送料無料！」とうたっているところがあります。そういったサイトで「あと1000円買えば、送料無料になるんだけどな」と思った時、あなたはどうしていますか？

「あと本を1冊買えば送料無料になる」などと、買う予定のなかったものをわざわざさがしてカートに入れたりしていませんか？　それであとになって、「結局たいして必要なかったかも……」と後悔するなんてことも。**「あとひとつ買えば無料だから」の思考で使ったお金も、積み重なれば大きな金額になります。**

送料無料に惑わされず、賢い買い物をしよう！

一方で、「1個でも送料無料」のサイトにも要注意。こうしたサイトは、送料無料を餌にアクセス数を稼ぎ、一人ひとりの好みを分析して、それに合った広告を表示させることで、「買いたい！」という気持ちをかきたてるしくみになっています。好みの商品の画像につられてサイトを再訪し、ついにクリック……なんていう可能性があるのです。**ショッピングのサイトは、「必要な時だけ」訪問し、「送料を払ってでもほしい」ものだけを買うようにする**と、シンプルライフを送りながら、自然とお金が貯まる習慣が身につきます。

07 その支出、おトクにできていますか？

買い物前に予算を決めていても、いざ本物を目の前にすると「もう少し出せばいいものが買えちゃう！」と、予算オーバーしてしまうこと、ありませんか？

家電製品で「便利機能がつく」、ファッションで「素材がいい」、ランチで「たった100円プラスすればドリンクがつく」、こうやって**出費のたびに1割予算オーバーしていくと、本来は年間合計50万円の出費だったはずが、計5万円も余分に払う**ことになります。予算を守るために、自分なりの基準を決めるようにしましょう。

たとえば家電などは、「10年使う」「毎日8時間は使う」という想定なら、ランニングコストも合わせて考えると、高性能機種のほうがコスパがよい場合もあります。しかし、実際の生活では、使う期間も機会も少ないことがほとんどで、機能にこだわりすぎることは得策ではありません。**「1年前のモデル」などを選んだほうが合理的**です。

購入の際も、価格比較サイトを利用して安く買うようにするとよいでしょう。

いつものの通勤でポイントを貯めよう

モバイルSuica JR東日本	JR東日本の在来線の利用や、モバイルSuica定期券の購入で、50円につきJREポイントが1ポイント貯まる JREポイントは、駅ビルの買い物で使用できるほか、Suicaにチャージして使うことができる
Suica(カードタイプ) JR東日本	JR東日本の在来線を利用すると、1回の利用200円につき、JREポイントが1ポイント貯まる
ICOCA JR西日本	●時間帯指定ポイント（京阪神地区の一部が対象）…1か月間の時間帯指定ポイント適用区間の、区間（グループ）ごとの4回目以降の利用1回ごとに、運賃の50％または30％のICOCAポイントが貯まる ●利用回数ポイント…1か月間の同一運賃区間の11回目以降、利用1回ごとに運賃の10％のポイントが貯まる 貯まったICOCAポイントはチャージすることにより、列車や買い物で使用できる

また、公共交通機関を利用する際の料金についても、一工夫してみましょう。

仕事やレジャーでJR東日本をよく利用するなら、スマホアプリの「モバイルSuica」の利用がおすすめ。JR東日本在来線利用時につくポイントの付与率がカード式Suicaより高く、さらにモバイルSuica定期券の購入でもポイントが貯まります。

一方、JR西日本でのICOCAも利用回数ポイントがつくのでおトクに利用できます。これらは**利用登録が必要な**ので、忘れずサイトで手続きしておきましょう。

08 美容も食事も事前にアプリで確認！

外食や美容院代などはそれなりに金額がかさむため、少しでも安くしたいですよね。ホットペッパーなどの予約サイトで割引を受けられることもありますが、安くする方法はほかにもあります。

たとえば、食品ロスを減らすことを目的としたアプリ「TABETE」。おいしく食べられるけれど、閉店時間や賞味期限が迫っていてお店が捨てざるを得ない……。そんな食事や食材を、ユーザーに救い出してもらうというしくみです。TABETEは、月会費無料で、もともとの販売価格が1000円くらいだったものが600円ほどで出品されることが多いようです。TABETEのほかにも同様のアプリがあり、約2000円の月会費を払うかわりに受け取る食事は無料（1日2回まで）というものも。こちらを選ぶ場合は、**月会費のもとを取れるほど、対象の店舗が自分の生活圏にあるかどうかを確認しておいたほうがよい**でしょう。

「ファンくる」利用の流れ＆報酬例

STEP 1 参加したいお店を選択
STEP 2 応募した抽選結果を確認
STEP 3 飲食や美容モニターを体験する
STEP 4 アンケートの提出
STEP 5 謝礼をゲット！
STEP 6 10ポイント＝1円で、現金・Amazonギフト券などに交換

事例 1
店内飲食し、料理やサービスについて調査
飲食代金の100%をポイントで還元

事例 2
ヘアケア商品などを購入し、商品やサイトの使いやすさについて調査
購入金額の50%をポイントで還元

事例 3
ヘアサロンでカットし、サービスについて調査
支払い金額の50％をポイントで還元

「ファンくる」などに登録して、覆面調査員（ミステリーショッパー）として、**お店のサービスをチェックし、報酬をもらう**という方法も。報酬をもらうには、その都度出される「トイレの清掃状況を確認する」といったチェック項目をクリアする必要があるので、細かい指示をきちんと守れるタイプの人に向いています。ヘアサロンやネイルサロン代を安くしたいなら、スタイリストを直接予約できる「minimo」を利用するのがおすすめです。若手美容師が、**技術や知名度を上げるために、格安料金となっている**場合があります。

09 チケットショップ活用術

ビジネス街やターミナル駅で見かける金券ショップ（チケットショップ）。貼り紙やショーケースを見ると、「新幹線指定券や映画のチケットがおトクに買えるのかな？」ということはなんとなくわかるけれども、貼り紙がベタベタ貼ってあったり、ビジネスマンが群がっていたりして、なんだか近寄りがたい雰囲気ですよね。

ですが、金券ショップでは**図書券や商品券、外食時に利用できるグルメ券、レジャー施設や外食チェーンの株主優待券、新幹線回数券、旅行券、ビール券、切手やクオカード**などさまざまなものが割安で販売されています。

そこで、「本を買うなら図書券」「デパートで買い物をするならデパート商品券やJCBギフトカード」「映画に行くなら前売り券（利用できる劇場が限られている場合があるので注意）」「レジャー施設に行くならそこの株主優待券」といった具合に、**オフの予定が立ったら、その目的に合った割引券がないか金券ショップで探してみて。**

金券ショップでゲットできる商品

- 図書カード（500円→約480円）
- クオカード（500円→約492円）
- ジェフグルメカード（500円10枚組→約4,780円）
- 新幹線指定席／東京～京都（14,470円→約13,000円）
  ※GW、お盆、年末年始は使用不可
- JCBギフトカード（1,000円→約984円、5,000円→約4,920円）
- JTB旅行券（10,000円→約9,600円）
- 全国百貨店共通商品券（1,000円→約982円）

※価格は、2020年1月27日現在、チケッティオンラインショップのもの。
販売価格や品ぞろえはショップや日によって変動する。

なお、こうした金券には「有効期限がある」「おつりが出ない」「使える店や日程が限られている」などのルールが定められている場合があるので、自分が予定している使い方にマッチしているか、店頭やその金券ショップのサイトなどでしっかり確認しましょう。気になるおトク度ですが、**商品券などの場合、額面よりも0・5%～数%安く買えることが多い**ようです。一般的には、有効期限が迫っているものなどはさらに安く買えますし、株主優待券などは割引率が高いので、利用条件に合うのならそうしたものを上手に利用するとよいでしょう。

年間の特別支出を見える化する！

ライブ代金や旅行費用、家電の買い替えなど、
その時だけの一時的な支出は年間で管理するのが
ベストや！　意外とかかってるもんやで！

日付	用途	合計
		円
		円
		円
		円
		円
		円
		円
		円
		円
		円
		円
1年の合計		円
1か月平均（1年の合計÷12か月）		円

これを見ると自分が何を大事にしているか、
どこにお金をかけているのか明白だね！

PART 4

貯蓄を増やす方法を身につける!

一定の貯蓄額があるケチケチ女子がすべきことが、
お金を増やす「投資」。
投資は正しく活用すれば、
怖いものではありません。
将来のインフレリスクに備えるためにも、
長期的な目標を持ってお金を増やしていきましょう。

お金を増やす努力をする 投資しない人生は高リスク!?

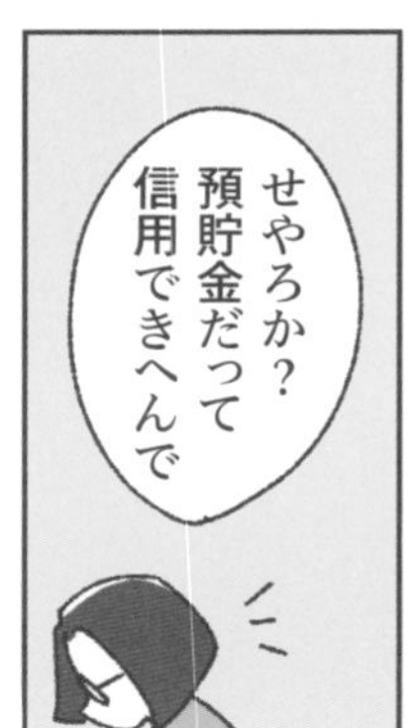

ユメミのムダ遣いはともかく、預貯金を信用しすぎるのもあかんで
よっこら

…やっと来たわね子ブタちゃん
誰が子ブタちゃんや

みんなから噂は聞いてたわ
突然やってきて財布まるごと改めさせられるってね

でも私はどうかしら!? 説教するところなんてないでしょ!?

あるで

たしかにケイはようがんばっとる貯蓄も歳の割に多いほうやと思う
わざわざ高いところに登っていうか

預貯金は合格やせやけど投資はどうや？
!?

と、とととと
TOSHI?
あわ
あわ
も、もちろん
そ、そんなの考え
てるに決まってる
じゃない
わかり
やすい
性格やな

その様子やと
ノーマークっちゅう
ところやろ
じゃあ
質問や

もし銀行に
100万円を預けた
として、1年間で
利子は何円つく
と思う?
100万円
の利子?

ここは二千円!
って答えたいところ
だけど最近は利率が
どんどん下がってる
って聞いてる
からね…
答えは
200円!

たしかに
利率はどんどん
下がってる
よう勉強してるな
でも不正解や…

正解は
8円や
えー!?
ドヤ顔!!
利子ってそんなに少ないの!?
せや
じゃあ私が壊れたメガネ修理出さずに貯めた貯蓄も
セール品しか買わないと決めて貯めた貯蓄も
年間数十円しか生み出してないってこと…？
そういうことやな
せやから「増やす力」を伸ばしてほしいんや

とはいえ、投資はリスクが高いでしょ？預貯金は増えないかもしれないけど裏切らないわ

たしかに投資にリスクはつきもの
でも何度もいうが預貯金だって裏切るんやで
!

たとえばこの古い棚、ええ味出してんな
それは私のひいばあちゃんの嫁入り道具よ

「これは三千円もしたの、当時三千円もあれば半年は生きていけたのよ」ってよくいってたわ
いまのレートじゃ考えられないけど
アハハ…

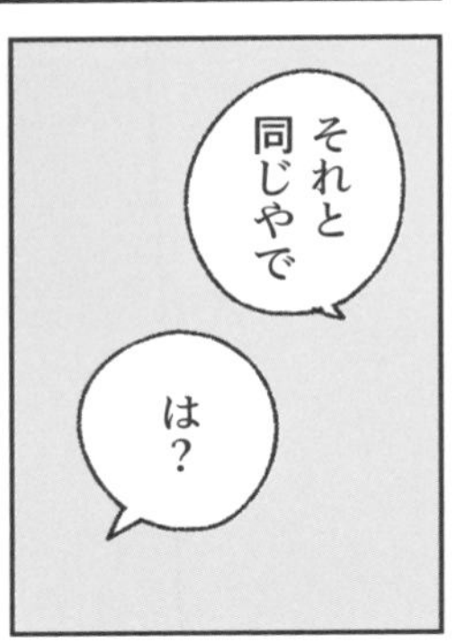
それと同じやで
は？

お金の価値なんてどんどん変わっていってしまう
いわゆるインフレや

この棚はいまでいえば何百万円もするものやでも当時その三千円をただ貯金してたら…
ただの三千円！
せや！ 銀行にとっては昔の三千円もいまの三千円も同じや
物価が変わってしまったから現金の価値も変わったってこと!?
¥3000
昔の話やと思ってたら痛い目あうで
日銀が目標とするインフレ率は年2％やもしこの通りいけば…
現在の100万円は30年後55万円の価値になるつまり預貯金は…
もうやめて！
話はわかったわ要するに貯金額だけ見て満足するのはダメ、投資が必要ってことね…
ゼェ
ゼェ
せや！ 実は国も「貯蓄から投資へ」っちゅー政策を掲げてんねんで

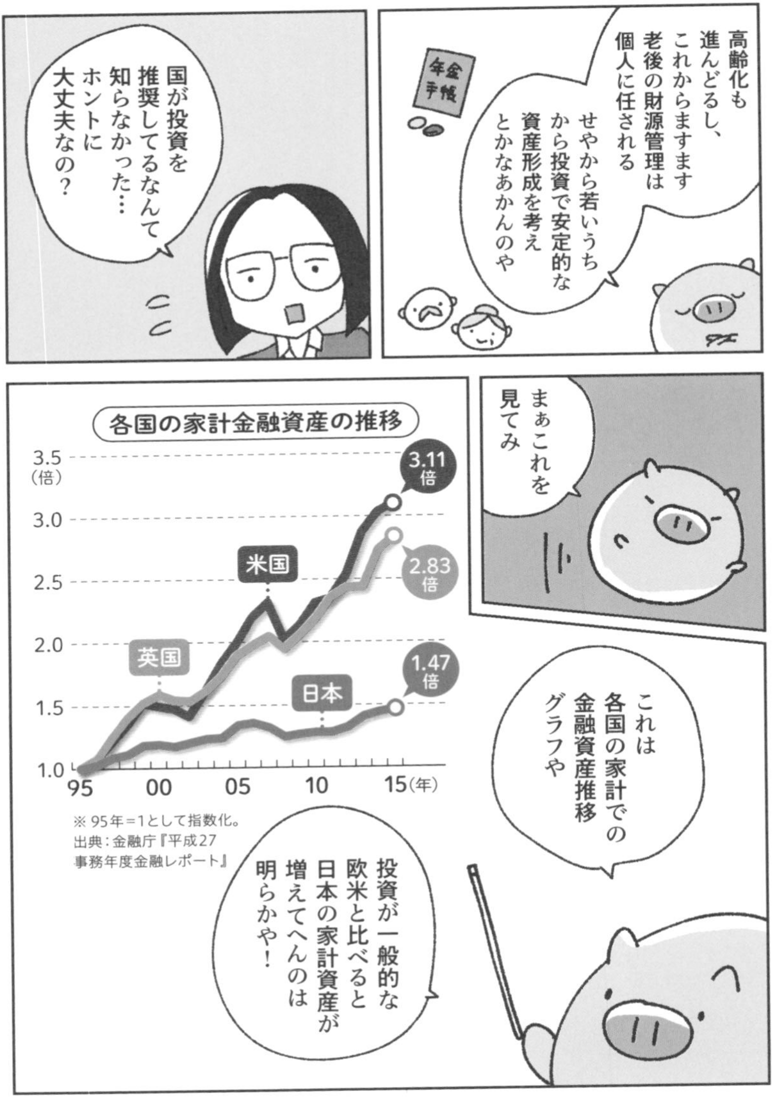

まぁこれを見てみ

各国の家計金融資産の推移

3.5（倍）
3.0
2.5
2.0
1.5
1.0

95　00　05　10　15（年）

米国 3.11倍
英国 2.83倍
日本 1.47倍

※95年＝1として指数化。
出典：金融庁『平成27事務年度金融レポート』

これは各国の家計での金融資産推移グラフや

投資が一般的な欧米と比べると日本の家計資産が増えてへんのは明らかや！

ホントだ
日本だけ
全然増えてない
外国は、右肩上がり
なのに…不思議
せやろ
日本人には
ケイみたいな
保守派な人間は
多い
それも
日本の美徳、
悪いことちゃう
ピョン
でも
これからは
ちゃうで！
うっ！
緻密に考えられる
日本人こそ
ピン
投資に
目覚めるべき
ってことね！
投資が大切だって
ことはわかったわ…
でも損するのも
怖いし、ユメミみたい
に宝くじでも買って
みようかな…
あほ！
宝くじは夢を
買うもんや、
投資とは
ちゃうぞ
また
いつの間にか
棚の上に…

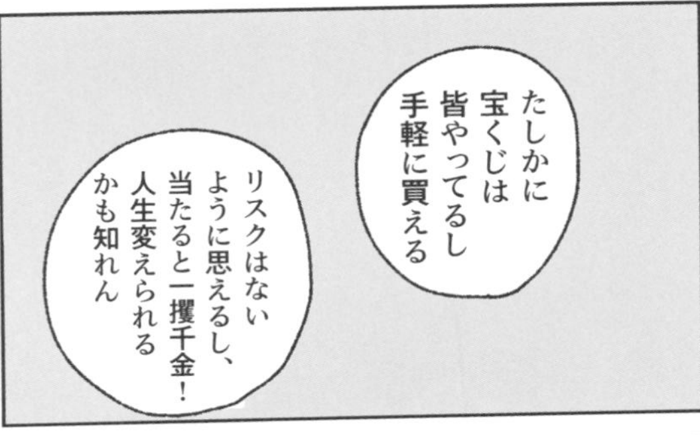
たしかに
宝くじは
皆やってるし
手軽に買える
リスクはない
ように思えるし、
当たると一攫千金！
人生変えられる
かも知れん

けどな

宝くじの還元率は
たった45％ほどや！
当たる人数は極めて低く
ほとんどの人がなんも
残らへん
宝くじ還元率
45％て
バンッ
バンッ
これを
リスクと
呼ばずなんと
いうんや！

たしかに、
当たって
なければただの
マイナス…
その点、
投資は
やさしいで

何もハイリスク、
ハイリターンだけが
投資やない
考えてうまくやれば
リスクは軽減できるし、
還元率は100％
以上になることも
あるんや

宝くじはあくまで娯楽の延長、楽しむのはええことやがそれで増やそうと思ったらあかん
資産を安定的に増やしたいんやったら一攫千金より将来、成長性のあるものへの投資を考えるべきや
なるほど…
でも…やっぱり損するの怖いし…
そもそも私なんかにできる気がしない…
デモ
デモ
ダッテ
ケイみたいなデモデモダッテいうて怖がってる人間はだいたい知識がないからや
うっ！
この章で投資についてしっかり教えたるからちゃんとついてきや！
はい、勉強になります
スチャッ
ほかの3人とまた違う意味でやりにくい奴や…

01 貯蓄と同時に投資も始めよう

お金を「貯める」ことができるようになった女子にぜひ始めてほしいのが、お金を「増やす」こと、つまり投資です。投資と聞くと、「それって株とか外貨を買うことでしょ？　損をすることもあるっていうし、怖い！　ムリ！」と尻込みする人もいるでしょう。しかし、現代においては、投資をしないほうが損な場合もあるのです。

たしかに、親や祖父母世代なら、「貯める」一筋でもよかったかもしれません。昭和の経済成長時代は普通預金の金利が3％、いまの3000倍もありました。バブル期などは、郵便局の定額貯金に預けるだけで、7～8％という高金利が10年間約束されたので、10年後、お金は約2倍に増えていたのです。会社も終身雇用&年功序列で一度入れば順調に収入が伸びる……そんな時代なら、「増やす」工夫は必要なかったでしょう。しかしいま、普通預金の金利は0．001％。100万円を1年預けても、10円の利息しかつかず、さらに利息から約20％の税金が引かれます。

「貯める」「増やす」の二本立てが必要！

貯める（貯蓄）

元本割れの心配のない金融商品（普通預金・定期預金・財形貯蓄など）**で安全・確実に貯蓄する**

注意点　物価が上昇すると実質的な資産価値が目減りしていく

増やす（投資）

株式、投資信託などで運用することで、普通預金や定期預金よりも高い利益が期待できる

投資額を下回る「元本割れ」の可能性がある

「低金利でも、減らないなら大丈夫でしょ」と思うかもしれません。たしかに金額だけ見るとそうなのですが、ものをどれだけ買えるかという実質的な価値についてはどうでしょう。50年ほど前、郵便はがきの料金はたったの10円でした。それがしだいに値上がりして、いまや63円です。以前は、1000円ではがきを100枚も買えましたが、いまではたったの15枚しか買えません。

そのため、老後資金として貯めているお金など、**長い間、使う予定のないお金であれば、物価の上昇に負けないように、お金を増やす工夫も必要**です。

02 増やすためにリスクを受け入れる

お金を増やすためにどんな金融商品を選んだらいいのかご説明する前に、知っておきたいのが「リスク」と「リターン」の関係性です。

まず、**リターンとは、投資・運用することで得られる収益**のこと。具体的には株式投資で受け取れる配当金（企業の儲けの分配金）、株式などを購入し、価格が上がった段階で売却して得られる差額などがあります。

一方、**リスクという言葉は「危険性」と訳されがちですが、投資の世界では「収益の不確実性＝リターン（収益）の振れ幅」**のことを意味します。

投資をする際には、このリスクとリターンが表裏一体であるということを知っておく必要があります。「リスクが大きなものほどリターンが大きい（ハイリスク・ハイリターン）」「リスクが小さいものほどリターンが小さい（ローリスク・ローリターン）」という傾向があるのです。

リスクとリターンは表裏一体

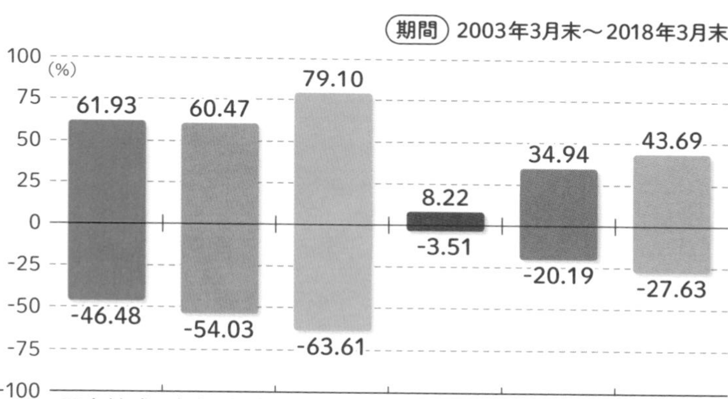

出典：三菱 UFJ 国際投信が作成したデータをもとに作成

つまり、大きな収益を期待するなら、大きな損失の可能性を覚悟しなくてはならないということになります。

もちろん、すべての投資がハイリスク・ハイリターンというわけではありませんし、いきなりハイリスク・ハイリターンを覚悟する必要もありません。

ローリスク・ローリターンの金融商品を選ぶ、ハイリスク・ハイリターンのものでも分散投資をすることでリスクを減らす、といった方法がいろいろあります。

初心者は、のちほど紹介する積立投資などから始めて、徐々に「増やす」方法に慣れていきましょう。

03 投資と投機の違いを学ぼう！

投資、とくに株式投資や外貨投資を始めようとすると、「そんなのギャンブルのようなものだから、やめておきなさい」などと、親世代から止められることがあります。実はこれは大きな誤解で、「投資」と「ギャンブル（投機）」はまったくの別物です。

そもそも**「投資」とは、長期的な視野で資金を国や企業の事業に投じ、その見返りとして利益を得ようとする行為**のことです。たとえば、企業が発行する株式や社債にお金を出し、それによって企業の発展を応援するというものです。事業がうまくいけば、利益の分け前である配当が増えたり、持っている株式の価格（株価）が値上がったりすることで、投資した人も利益を得るわけです。

一方、ギャンブルは、お金を増やすことを狙うという意味では似た部分もありますが、根本的に違うところがあります。**競馬など狭い意味でのギャンブルは、娯楽が目的で、みんなで出し合った掛金から主催者の運営料を差し引き、残ったお金を勝敗に**

お金を増やすなら「投機」ではなく「投資」を

投資

- 国や企業などの発展を応援するためにお金を投じる
- 利益が出たら、応援の対価として投資家が配当などを受け取る

例
株式、
投資信託、
債券など

投機（ギャンブル）

- 集めた掛金から主催者の運営料を差し引いた金額を勝敗に応じて分け合う
- 値動きに乗じて利益を得るための短期売買など

例
先物取引、
仮想通貨、FX、
株式の
デイトレードなど

応じて分け合います。 FX（外国為替証拠金取引）や仮想通貨など、一見、投資に見えるものでも、「価格変動の機会に乗じて、短期間で利益（利ざや）を得ようとする行為」という意味では極めて投機的であるといえるでしょう。

こうした**投機的な取引で勝ち続けることは想像以上に困難**です。また、株式投資であっても、デイトレードのような短期取引をするとなると、ずっと市場の変動に目を光らせていなければならず、仕事にも悪影響を及ぼします。お金を着実に増やしたいなら、本業である仕事に支障のない「投資」に取り組みましょう。

04 投資でリスクを減らす秘訣！

投資の格言に「卵はひとつのカゴに盛るな」というものがあります。たくさんの卵をひとつのカゴに入れて運んだ場合、もしそのカゴを落としてしまったら、すべての卵が割れてしまいます。しかし、あらかじめ複数のカゴに卵を分けて入れておけば、そのうちひとつのカゴを落としても、ほかのカゴに入れた卵は助かります。

投資は不確実なもので、今後、どの国・地域・企業が発展するかを正確に予想することは誰にもできません。そこで**投資先を分散させておくことで、1か所がうまくいかなかったときのリスクを減らしておく**のです。

たとえば、全財産をある企業の株に投資していた場合、その企業の業績が悪化して株価が半分になってしまったら大変です。しかし、投資先を複数の企業に分散しておけば株価の値下がりリスクは軽減できます。

また、株式だけでなく、「債券」といって、企業や自治体にお金を貸して、利息を

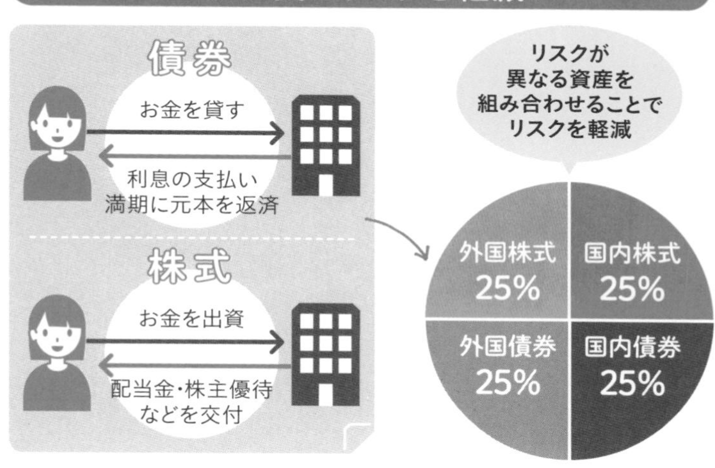

つけて返してもらうという手法なら、株式と比べて値動きは比較的小さくなります(P157参照)。お金を**100%株式に投じるより、株式と債券に50%ずつ投資すればさらにリスクを軽減できます。**

「でも日本全体が不景気になったらどうなるの?」と思うかもしれません。

たしかにその可能性はあります。その場合は日本全体の株式が下がるおそれがあります。そうした事態に備える方法は、**日本だけではなく海外も投資対象とすること。**たとえば、国内株式25%、外国株式25%、国内債券25%、外国債券25%などと分散して投資しましょう。

05 長い目で見た投資計画を立てる

投資商品には元本割れするリスクがあるので、そのリスクをできるだけ小さくする工夫が必要です。前ページで紹介した「分散投資」はそのひとつ。そして、もうひとつ、**リスクを小さくできるおすすめの方法が、「長期で運用」する**ことです。

デイトレードのように、株価の動きをリアルタイムでながめながら、短いスパンで売買を繰り返す方法は、時間を取られるだけでなく、取引のたびに手数料もかかるため、初心者が始めるには難しいでしょう。

それよりも、**一度お金を投じたら、長い年月をかけて価値が上がるのをじっくり待つ**方法をとるのがおすすめです。途中で、リーマンショックやコロナショックのような世界不況があったとしても、値下がりは一時的です。10年ほどすればもとの水準に戻り、20年、30年という長い期間で見れば、世界経済の成長にともない値上がりする可能性が高いのです。

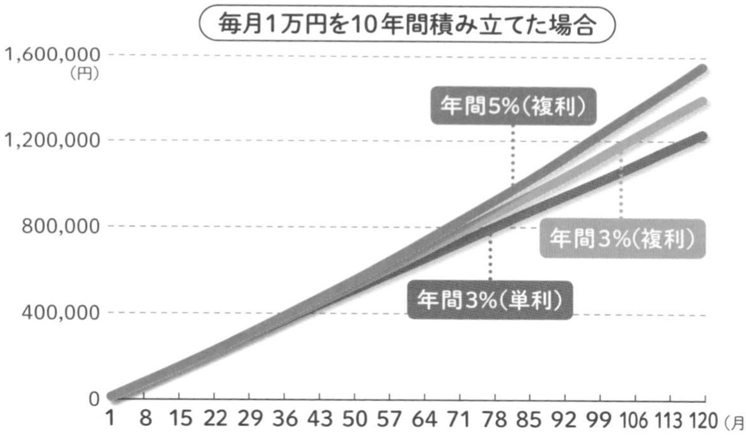

積立方式もおすすめ

長期保有とともにおすすめしたいのが、**投資先だけでなく投資する時期も分散すること**。一気に大金をはたいて金融商品を買うのではなく、毎月少しずつ購入する積立方式がおすすめです。これにより、極端な高値で購入してしまうことを避けられます。

もちろん、いくらリスクを軽減しても、ゼロになるわけではありません。使う予定が迫っているお金ではなく、あくまでも**余裕資金を、長期の積立投資にまわす**ようにしましょう。

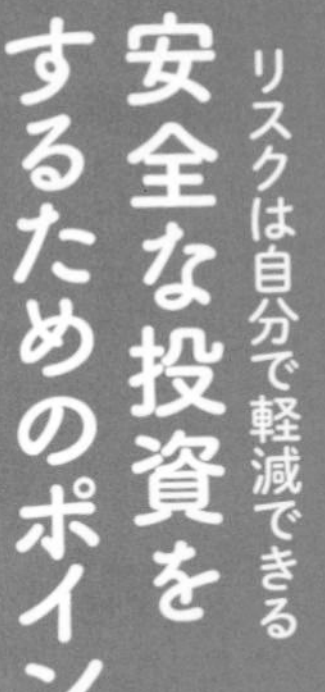

リスクは自分で軽減できる 安全な投資をするためのポイント

ブタさんに投資するって約束したけど…

投資って一言にいっても種類が多いのね…

株、仮想通貨、FX…
いろいろ聞くけど正直どれがいいかわかんないな…

リスクが少なくてリターンが多いものがいいな…
へへへ…

そんな調子のええもんないで!

投資においてリスクとリターンは表裏一体、だからちゃんと考えなあかんのや

リスクが低いものはリターンも総じて低くなるし
リスク
リターン
高いリターンを求めれば、おのずとリスクも高くなっていくんや
リスク
リターン

うまい話はないってことね…
ようわかっとるやないか

ドン！
せやから自分でちゃんと基準を持ってよう考えて投資せなあかん！

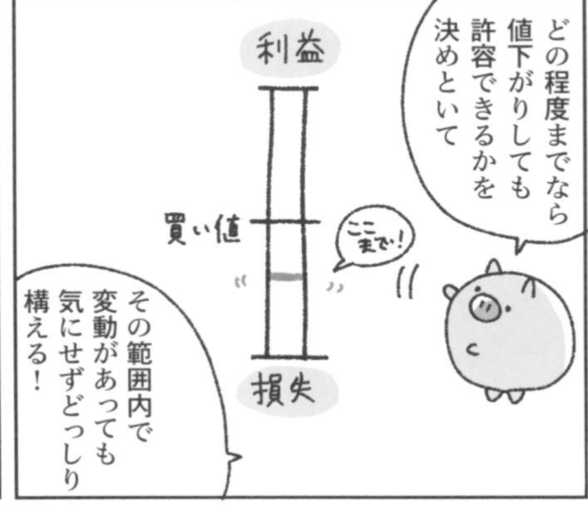
どの程度までなら値下がりしても許容できるかを決めといて
利益
買い値
損失
ここまで！
その範囲内で変動があっても気にせずどっしり構える！

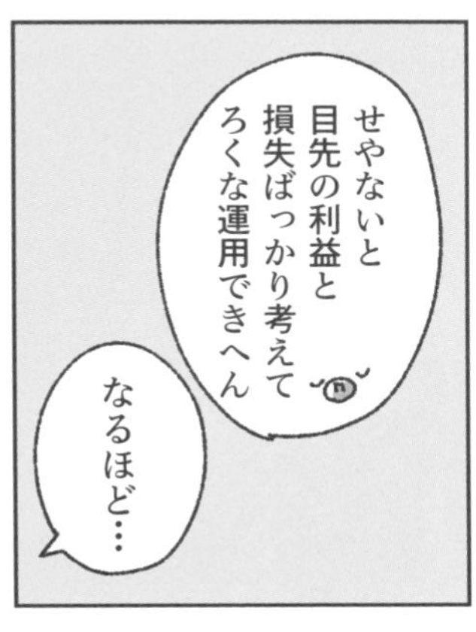
せやないと目先の利益と損失ばっかり考えてろくな運用できへん
なるほど…

たしかにちょっとでも値下がりしたら怖くなって手放しちゃうかも…
もう売るー!!!
ギャーー!!

投資に失敗した…っていう人間に多いパターンやな
そんで、損したまま投資をやめてしまう
グサッ

まぁやめるだけならまだええわ
それで一気に損失を取り戻そうとハイリスクに手を出して損失を重ねる、これは目も当てられんで

投資は長い目で見るんや!
そして計画を立てるのも大事や!

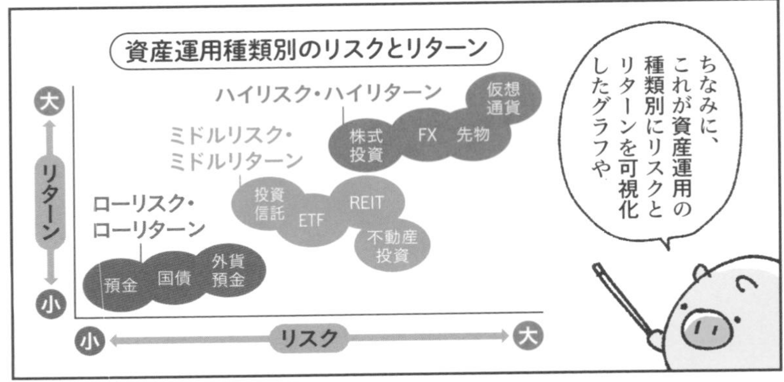
資産運用種類別のリスクとリターン
ハイリスク・ハイリターン
株式投資
FX
先物
仮想通貨
ミドルリスク・ミドルリターン
投資信託
ETF
REIT
不動産投資
ローリスク・ローリターン
預金
国債
外貨預金
大
リターン
小
小
リスク
大
ちなみに、これが資産運用の種類別にリスクとリターンを可視化したグラフや

こんなにたくさん種類があるんだ…！
右上に行くほど一攫千金狙いの賭け、左下に行くほど安定派の選択っちゅー感じや
私がよく耳にする株とかFXとか仮想通貨ってどれもハイリスク・ハイリターンなものだったのね
そこらへんは動きが激しいから「儲かった！」とか「損した！」って声が上がりやすいわな
たしかに、価値がコロコロ変わるっていうもんね
一方で、国債や外貨預金みたいなローリターンなものはたくさん儲かったって声は少ないが、ローリスクで安定的ともいえる
なるほど…じゃあ左下から選べばいいの？
でも、やっぱりどう選べばいいかわかんないわ…
じゃあもういっちょポイント教えたろ

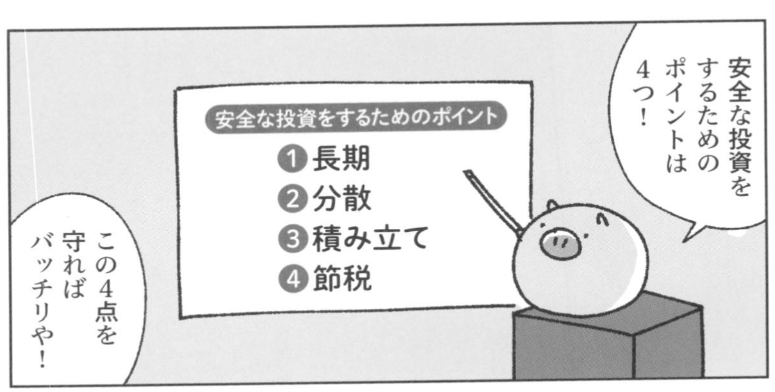
安全な投資をするためのポイントは4つ！
安全な投資をするためのポイント
1 長期
2 分散
3 積み立て
4 節税
この4点を守ればバッチリや！

長期、分散、積み立て、節税……！
なんて安心安全なワード……！

さっきもいうたけど投資は長い目で見なあかん

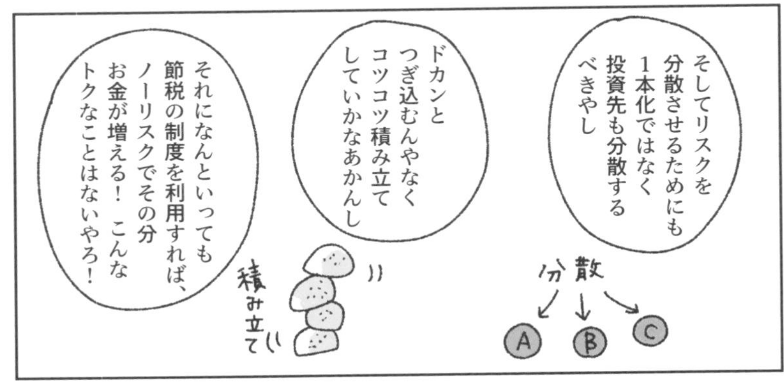
そしてリスクを分散させるためにも1本化ではなく投資先も分散するべきやし
分散
A
B
C
ドカンとつぎ込むんやなくコツコツ積み立てしていかなあかんし
積み立て
それになんといっても節税の制度を利用すれば、ノーリスクでその分お金が増える！ こんなトクなことはないやろ！

こんだけレクチャーしたら安心やろ？
そうね…なんか私でもできる気がしてきた

初心者でもこのポイントを簡単におさえられる商品は**つみたてNISA**やな

つみたてNISA？
よく銀行でパンフレット置いてあるアレ？
せや、最近みんな始めてるからなぁ なんや、ケイはつみたてNISA知らんのか？

…知らないわけじゃないけど…？
正直にいいや
知りません

ええやろ、教えたるわ！
詳細はあとの本文をチェックするんやで！
ピョン♫

06

投資信託で手軽に分散投資しよう

一般的に、1社の株式を買うためには、数万円、場合によっては数十万円、数百万円ものお金が必要です。「リスクを軽減するために分散投資」といわれても、いろいろな企業の株式に投資できるようなまとまったお金もないし、どの企業が有望かなんてわからない……。「分散投資なんてムリ！」といいたくなりますよね。

そんな人におすすめなのが、「投資信託」。投資信託とは、簡単にいうと、**「たくさんの人から集めたお金をひとつにまとめて、投資のプロが株式や債券などに投資・運用する商品」**のこと。何に投資するかは、その投資信託の運用方針にもとづき、投資のプロが決めています。そして、得られた成果は、お金を出した人の投資額に応じて分配されます。もちろん、たとえ投資のプロであっても、必ず利益が出るとは限りません。運用がうまくいかず投資した額を下回って、損をすることも。しかし、**リスクが小さくなる、分散投資が簡単に実現できるという点で、初心者におすすめ**です。

みんなからお金を集めてプロが運用！

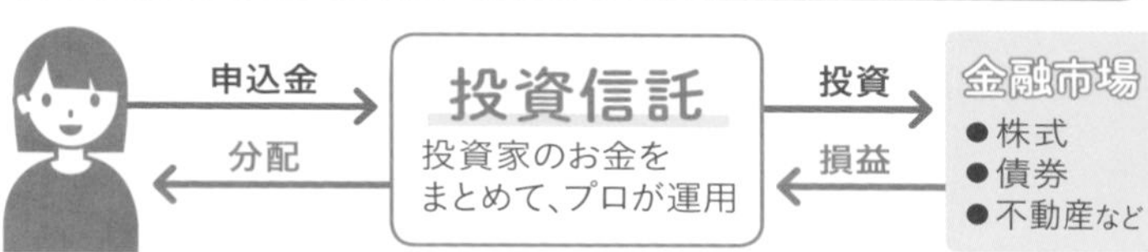

インデックス型		アクティブ型
株価指数などに連動する運用成果をめざす	目標	株価指数などを上回る運用成果をめざす
市場平均程度	リスク	投資信託ごとに異なるが、総じて市場平均より高い
低い	コスト	高い
同じ指数に連動する商品なら、運用成績にほとんど差は出ない	成績	投資信託によって差がある

投資信託の投資先としては、国内株式、海外株式、国内債券、海外債券があり、各分野に投資先を絞り込む商品もあれば、これらをミックスしたものもあります。このほか、不動産や資源などに投資するものも。また、日経平均やTOPIXなど市場の平均に連動する「インデックス型」の投資信託と、投資銘柄をプロが選ぶ「アクティブ型」があります。プロが選ぶ「アクティブ型」がよさそうに思えますが、長期間にわたって市場平均を上回るアクティブ型はあまりないのが実情。まずは**手数料の安いインデックス型で始めてみましょう。**

07 100円からスタートできる投信積立

投資信託は、まとまったお金があれば一気に買うことができます。また一方で、**余裕資金があまりない場合でも、少額かつ積立式で購入できる**商品もあります。それが投信積立（積立投資信託）です。積み立てるための最低金額は金融機関によってさまざまで、多くの場合は1000円、5000円、1万円などですが、中には100円から買うことができるところも！　また、投信積立のメリットとしては、**一度手続きをしたら、ほったらかしにしておいても勝手に投資額が積み上がっていく**ことが挙げられます。つまり、ズボラな人でも自然にお金を「増やす」ことができるのです。

投信積立のもうひとつのメリットが、P163でも軽くふれたように、**毎月少しずつ定額購入することで投資する時期を分散できる**ことです。この方法には、「価格が低い時には、より多くの量を買うことができる」「価格が高い時には、買う量が少なくなり、高値でたくさん買うリスクを減らせる」というメリットがあります。

100円からできる積立投資信託

証券会社	商品名	概要
SBI証券	**投信積立**	ほぼすべての投資信託が100円から購入可能。買付日は、毎日、毎週、毎月、隔月、複数日と5パターン用意。投信積立ならすべての投資信託の買付手数料が無料
auカブコム証券	**プレミアム積立**	自動通知サービスが充実。指定した投資信託の残高情報、約定などの通知を好きなタイミングで受け取れる
マネックス証券	**投信つみたて**	すべての投資信託の買付手数料が無料。積立頻度を毎日に設定可能
楽天証券	**投信積立**	楽天カード決済で100円につき1ポイント貯まる。楽天ポイントで積立購入が可能

国も積立・分散投資を推奨中

投信積立には注意点もあります。投資信託の運用成績によっては、積立額を下回る「元本割れ」が起きることもあります。また、手数料がかかるので、手数料率にも注意が必要。そして、預金同様、利益には約20％の税金がかかります。

ただ、国は現在、個人がお金を「増やす」ことを推奨していて、あとで紹介するiDeCoやつみたてNISAなど、税金面で優遇する制度も設けています。**ローリスクで、お金を増やすために、こうした制度を上手に活用**しましょう。

08 iDeCo vs つみたてNISA

少子高齢化が進み、社会保障制度の担い手が減っていることで、公的年金制度をこれまでのような水準でキープすることは難しくなっています。そのため、国では一人ひとりがお金を増やしてしっかりと資産をつくっていくことを推奨しています。その表れが前ページでもふれた、税金面で優遇されている「iDeCo」、「つみたてNISA」、そして「NISA」の3つです。

これらのうち、毎月コツコツ定額を積み立てることで、お金を増やすことを目的としている「iDeCo」と「つみたてNISA」の使い分けについて説明しましょう。

通常、運用で得た利益からは約20%の税金が引かれますが、iDeCoもつみたてNISAも運用益は非課税です。しかし、節税メリットがより大きいのはiDeCoのほうです。iDeCoについては、所得税や住民税を計算する際、掛金の金額がまるごと所得からマイナスになり、その分税金が安くなるのです。

iDeCoとつみたてNISAの特長を学ぼう

［ iDeCo ］

- 60歳まで運用
- 所得税・住民税が軽減される（所得税率が高い人ほど節税効果が大）
- 運用益に税金がかからない
- 60歳になるまで引き出し不可
- 投資信託のほか、定期預金や保険といった選択肢の中から選べる

→詳しくはP224でチェック!

［ つみたてNISA ］

- 最大20年運用
- 運用益に税金がかからない
- 自由に引き出しできる
- 金融庁の基準をクリアした、低リスクでコストの安い投資信託の中から選択する
- 年間40万円までの上限あり

→詳しくはP178でチェック!

＊2020年3月時点の制度。2020年度の税制改定でどちらもより使い勝手がよくなる予定

だったらiDeCoを優先すれば……と思うかもしれませんが、iDeCoは年金を補完するものという位置づけのため、**積み立てた掛金や運用益を60歳になるまで引き出せない**というデメリットがあります。一方、つみたてNISAには、そうした制約がありません。老後資金以外にも使いみちがありそうなお金についてはつみたてNISAで運用するほうがよいでしょう。

なお、iDeCoについては、定期預金や保険で積み立てるという選択肢もあります。リスクを取らずに節税効果だけを狙うならiDeCoが最適です。

09 投資で得た利益が非課税になるNISA

お金を増やすことに興味があり、「10万円単位のまとまった余裕資金があるから、積み立てなどはせずにすぐに運用を始めたい！」「投資信託ではなく、自分で銘柄を選ぶ株式投資にチャレンジしてみたい！」という人も中にはいるでしょう。

そんな人におすすめなのが2014年にスタートした、非課税制度「NISA」です。通常、株式や投資信託に投資した場合、保有している間に受け取る分配金や配当金、売却時に得られる譲渡益には約20％の税金がかかります。ですが、NISA口座内で取引をすれば、**年間の投資金額120万円まで利益がまるごと非課税**になるというメリットがあります！

現行のNISA制度は2023年までとされていましたが、2020年の税制改正により2024年から新NISA制度がスタートし、2028年まで延長される予定です。国が力を入れているNISA制度の今後の動きに注目していきましょう。

おオトクなNISAの利用条件

利用できる人	日本在住で20歳以上(＊1) (口座を開設する年の1月1日現在)
非課税対象	株式・投資信託等への投資から得られる配当金・分配金や譲渡益
口座開設可能数	1人1口座
非課税投資枠	新規投資額で毎年120万円が上限(非課税投資枠は最大600万円)。未使用分があっても翌年分に繰り越しできない
非課税期間	最長5年間(＊2)
投資可能期間	2014年～2023年(＊3)

＊1…0歳～19歳の人は、ジュニアNISA(P209参照)を利用できる。
＊2…期間終了後、新たな非課税投資枠への移管(ロールオーバー)による継続保有が可能。
＊3…現行のNISA制度。2024年から新NISA制度に移行予定

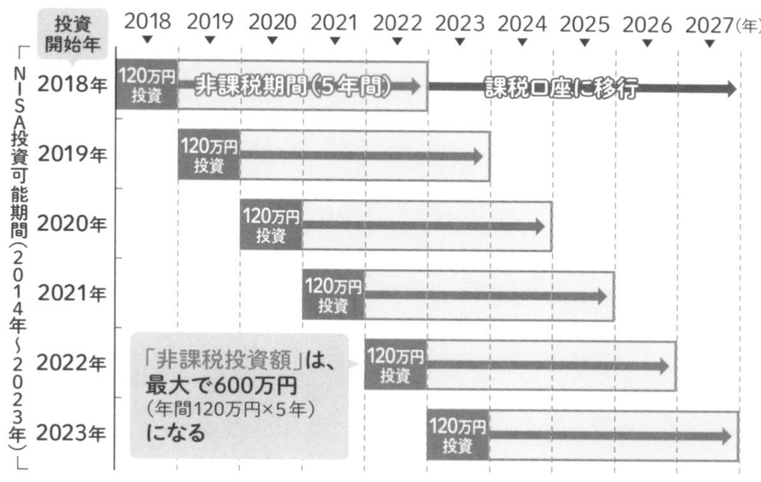

10 コツコツ増やす、つみたてNISA

貯蓄したお金の使いみちや、使う時期に柔軟性を持たせておきたいなら、つみたてNISAがおすすめです。**つみたてNISAは、少額からの長期・積み立て・分散投資を支援するための非課税制度**で、2018年1月から始まりました。つみたてNISAでは、**毎年40万円を上限として、一定額ずつ投資信託を購入することができます。**そして、購入してから20年間、投資信託を保有している間に得た分配金と、値上がり後に売却して得た利益（譲渡益）に税金がかかりません。つまり、少額で長期にわたって投資したい人に向いている制度といえます。なお、非課税で保有できる投資総額は最大800万円です。

仮に、毎月3万3000円を20年間積み立て、その間の平均利回りが2%だったとすると、利益が20年間で約180万円になります。その場合、通常であれば約20%の税金（約36万円）が引かれて144万円になるのですが、つみたてNISAは非課税。

少額と長期を実現するつみたてNISA

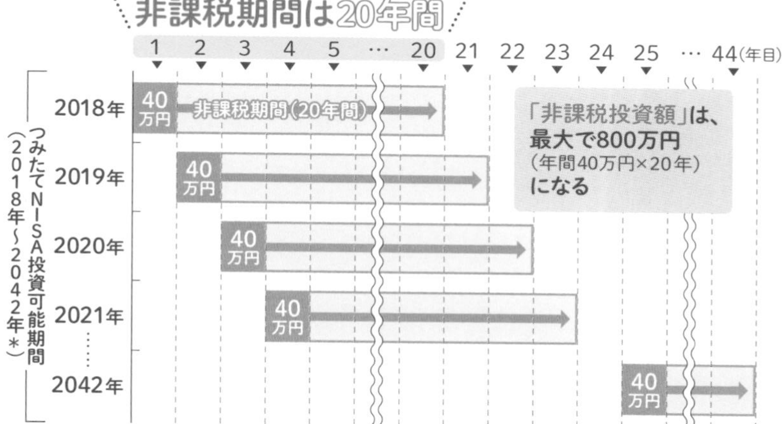

＊2020 年の改定により延長される

つまり、36万円分もおトクになるのです。

税金面でのメリットも大きいのですが、もうひとつ注目したいのが、つみたて**NISAの対象商品が、金融庁の決めた一定水準をクリアしたものばかり**であること。「手数料が低水準」など、長期・積み立て・分散投資に適した投資信託ばかりなので、投資初心者が利用しやすいしくみになっています。とはいえ、リスクがある投資商品であることに変わりはなく、必ず利益が出るという保証はありません。あくまでも余裕資金を投じるようにしましょう。

11 金融機関と賢く付き合う

iDeCoやつみたてNISA、あるいはそれ以外の投資を行うには、どこの金融機関を窓口にして取引をするのかを決めなくてはなりません。

「給与振込口座の銀行でも投資ができるみたいだし、そこでいいかな？　どうせどこを選んでも変わらないでしょ」と思うかもしれませんが、ちょっと待ってください。たしかにお金を「貯める」ことに関しては「どこを選んでも超低金利」なので、気を使って選ぶ必要はあまりありません。しかし、「増やす」ことに関しては事情が違います。**投資信託の品ぞろえや、各種手数料が金融機関によってかなり異なる**のです。

とくにiDeCoに関しては、さまざまな手数料がかかります。①国民年金基金連合会に納める「収納手数料」、②事務委託先金融機関（信託銀行）に納める「事務委託手数料」、③運営管理機関に納める「運営管理機関手数料」、そして選んだ金融商品によってはその運用手数料がかかります。

金融機関選びのチェックポイント！

❶「使う」お金

給与振込口座・ATM手数料の優遇サービスなど、引き出しやすさを重視する

❷「貯める」お金

うっかり使ってしまう人は、あえて引き出しづらい金融機関や金融商品を選んでもOK

❸「増やす」お金

口座管理手数料、金融商品の品ぞろえ、投資の際の手数料、取引注文の出しやすさなどに注目。金融機関の窓口は、対面で投資相談ができるというメリットがある。一方、ネット証券は自分で手続きを行う必要があるが、手数料が安くおさえられる

このうち、①と②はどこを選んでも同額なのですが、③は無料のところから月額450円のところまでさまざま。30年間で見ると、16万円もの差が生まれます。**手数料の安さ、サイトのわかりやすさ、金融商品の品ぞろえなどを考慮すると、SBI証券や楽天証券などのネット証券を選ぶのがよい**でしょう。

ネット証券で各種手続きをすませ、投資信託の銘柄をどれにするかを決めるには、自分で調べるなどの手間がかかります。面倒に思うかもしれませんが、大切なお金を少しでも有利に増やすために、手間を惜しまず調べることが重要です。

COLUMN

ポイント投資をやってみよう!

買い物などをするうちにどんどん貯まっていく各種ポイント。でも、いざ商品と交換しようとしてもとくにほしいものがない、悩んでいるうちにポイントの期限がすぎてしまう、なんてことありますよね。ならば、ポイントを使って金融商品を購入する「ポイント投資」に挑戦してみるのはいかが?

ポイント投資の先駆け的存在は、カード会社クレディセゾンが始めた「永久不滅ポイント運用サービス」。その後、続々と類似のサービスが始まりました。

比較的気軽に始められるのは、dポイント投資やPontaポイント運用など、ユーザー登録するだけで、投資体験ができるタイプ。一方、証券口座を開いてポイントで金融商品が購入できるというサービスも。たとえば、楽天ポイントを保有しているなら、楽天証券で実際の商品を購入することができます。

投資のための余裕資金がない人でも、気軽にトライできるので、資産運用のお試し版として体験しつつ、運用について学ぶよい機会になります。

PART 5

人生のイベントに備える!

人生100年時代といわれる昨今、
さまざまな出来事が起きるでしょう。
ですが、そのために、
準備すべきことを知っておけば将来も安心です。
未来の自分が幸せになるために、
今からできることを始めましょう。

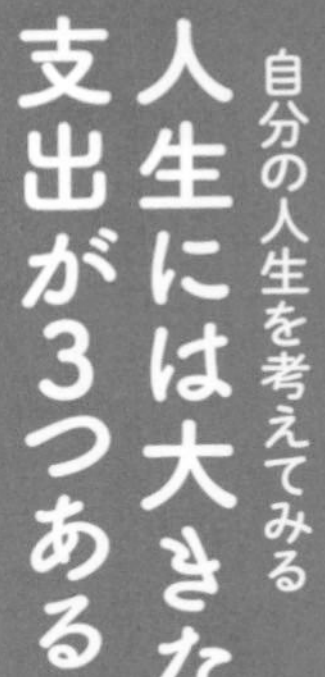
自分の人生を考えてみる
人生には大きな支出が3つある!?

今日は月に1回の4人全員が集まる日
あっユメミ〜

久しぶりにあったユメミに変化が…
エイコ、こっちこっち

あれ？買い物袋持ってない！
ふふっ

この1か月、ブタちゃんとの約束を守ってムダ遣いを徹底的にセーブしてるの…がんばってるのよ…
がんばりは表情から伝わってくるよ…

ユメミが節約だなんて…すごいじゃん！
まぁね、自分でもよくがんばってると思う
でもやっぱり1人の収入だと大変…
早く結婚して楽になりたいなぁ…

ズーン
あれ？エイコ？

ユメミ、これだけはいわせて
結婚しても楽になるってわけじゃないのよ
どうしたの!?

ライフスタイルが変わればその分出費が増える！
マイホームに学費、習い事！そのほか諸々の重圧！
学費
習いごと
マイホーム

そういえば
エイコはマンション
買う予定だもんね
娘ちゃんも
習い事してるし
物入りね…
あ…
そう、どこ
までいっても
お金の悩みは
つきない…

買う予定の
マンションも
我が家の収入も
平均的だし
教育費って
いってもまだ
小さいから
そこまでかけて
ないんだよ?

だけど貯めた
お金が通帳から
ドンって消えると
思うと焦っちゃう
サー…

それに、通帳の
残高が減るって
考えると命まで
減る気がする…

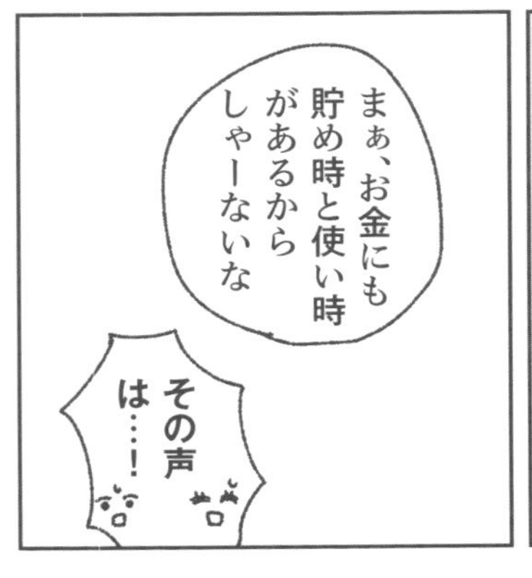
まぁ、お金にも
貯め時と使い時
があるから
しゃーないな
その声
は…!

ブタちゃん…！
おまたせ〜
騒がしいやっちゃな

ええか？ 人生の三大支出は「住宅」「教育」「老後」この３つや！

住宅は一番大きな買い物っていうし、教育費はブラックボックスっていうもんね
せや

金額が大きいからちゃんと計画立てていかないとね
ぴょん

よう聞いときや！ そこ！ 耳栓取らんかい！
バレたか♡
ス
ポッ

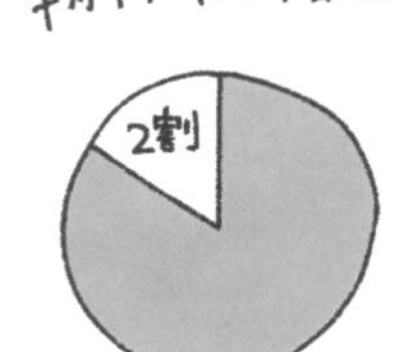

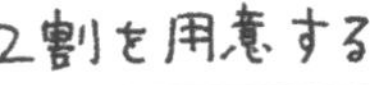

一般的に頭金は物件価格の約2割がめやすといわれてる4000万円の物件なら800万円くらいやな

やっぱりマイホームって大変…私は一生賃貸でいいかな
へー

たしかにマイホームはお金がかかる
でも賃貸だって同じ…イヤそれ以上かもしれんで？

老後65歳で働かんくなってもずーっと家賃は発生する
それに歳を取ると新規で貸してくれる大家さんは確実に減る、そこにアパートの取り壊し通知が来たら…？
あー！わかった！わかったから！

私の仕事は全国転勤ありだから持ち家にする気はないし、いろいろ住み変えられるのは賃貸のメリットだよね

せやな、結局はライフスタイルによるどっちにもメリットもデメリットもあるんや自分に合った選択をすればええんやで

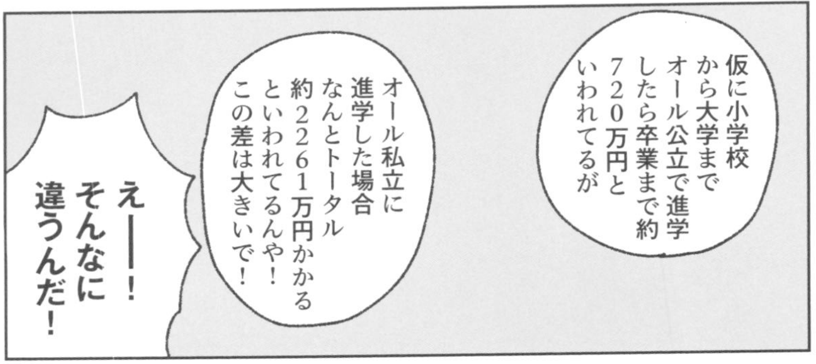

ちなみに進む
学部によっても
かかる学費は
違ってくるで

●小学校から高校卒業までの教育費

進学コース	総額
オール公立 公公公	約476万円
小学校のみ公立 公私私	約905万円
高校のみ私立 公公私	約630万円
オール私立 私私私	約1,672万円

●大学4年間にかかる教育費※

学部	総額
国立	約244万円
私立文系	約428万円
私立理系	約589万円
医学系	約3,309万円（6年間）

※学校納付金（入学金＋授業料等）の額

学費以外にも
習い事に塾とか
スクールとか…
お金かけだしたら
青天井だと思う…
貯金みたいに
目に見えて成果を
確認できるわけや
ないから難しいわな…
でも教育はある
意味で投資なんや
投資…？
PART2で
いうたけど成長・
スキルアップ
できるためのお金
ならそれは浪費
やない、投資や
TOUSHI
トータルの額は大きい
けど一気にかかるわけ
やないし、児童手当や
奨学金も活用できる
教育で得た知識
は子どもにとって
一生ものや
い、一生
もの…！
習い事はすぐやめてまう
かもしれんし、塾行っても
ええ学校は行けんかもしれん
でもその体験や知識が
蓄積されて1人の人間
を形成してくんや
ううっ自分の
娘の大人に
なったところを
想像するだけで
泣ける…

うん
お金をかければええってわけでもない、教育は各家庭の考え方次第やな
ピョン

たくさんはかけてあげられないけど子どもの「好き」が見つかるようにサポートしないとね
がんばりや

そして最後が「老後資金」や！

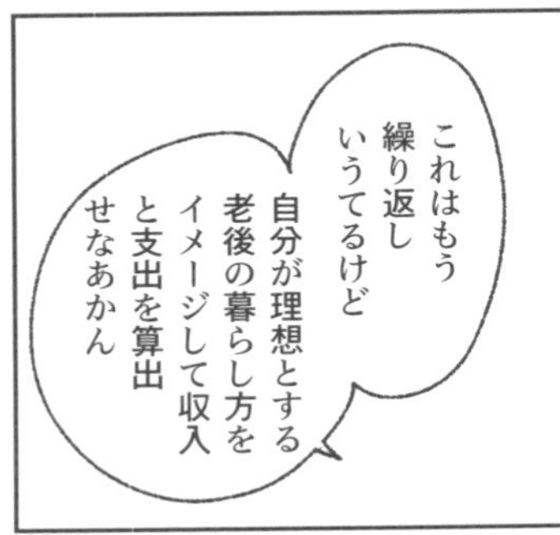
これはもう繰り返しいうてるけど
自分が理想とする老後の暮らし方をイメージして収入と支出を算出せなあかん

老後っていうと若いモンはすぐ暗いイメージで考えてしまいがちやが…
ピョン

いまは人生100年時代！
老後をいかに楽しめるかが人生の満足度を変えるんや

つきつめるとライフプランを立てること、これに尽きるな
PART1で話してたライフプランね

せや、自分がどんな人生を歩みたいか、そこから逆算するのが一番や

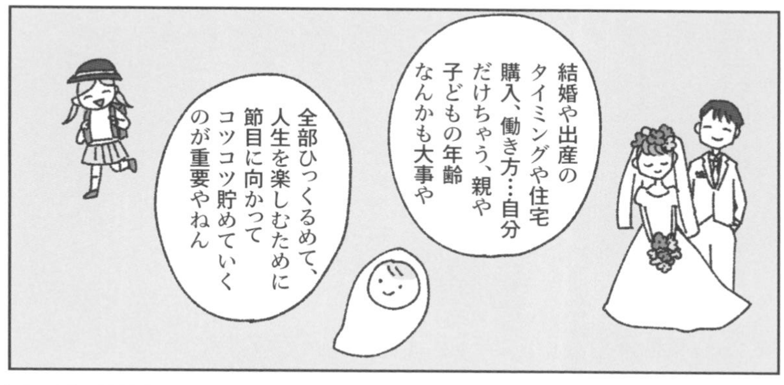
結婚や出産のタイミングや住宅購入、働き方…自分だけちゃう、親や子どもの年齢なんかも大事や
全部ひっくるめて、人生を楽しむために節目に向かってコツコツ貯めていくのが重要やねん

ん? なんで急に泣いてるんや…?
ヒック
ヒック

娘の巣立ちの日を想い描いて涙がとまらない!
ズビ
その妄想力は大したもんや

01 結婚式に必要な費用はいくら？

結婚するとしたら、あなたはどんな式を挙げたいですか？「盛大に披露パーティをやりたい」「身内だけで会食する地味婚でいいかな」「フォトウェディングですませて、新婚旅行にお金をかけたい」などなど……。

一生に一度の晴れ舞台ですから、いろいろこだわりたいところもあるでしょう。ただ、こだわればその分お金もかかります。左図で紹介するように、結婚式費用（挙式、披露宴・披露パーティの総額）は、**平均して約350万円ものお金がかかります。**ご祝儀の平均が、約224万円なので、**費用のうち4割程度を自分たちで負担する**と考えておいたほうがよいでしょう。ただし、「一生に一度だから」と財布のひもをゆるめると、パートナーとの今後の生活に支障をきたすことにもなりかねません。

結婚式用資金の使いすぎを防ぐためには、おおよその相場を知ったうえで、**「何にいくらかけるか、予算を決める」「予算分を貯めるため、結婚式までにそれぞれ月に**

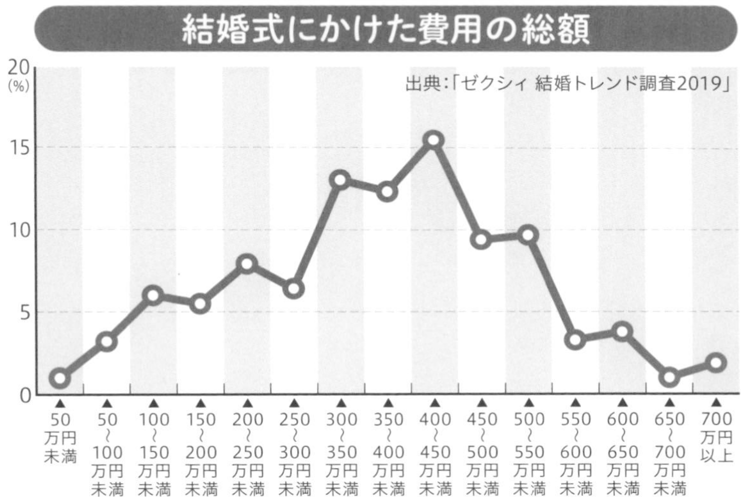

いくらずつ積み立てるか」といったことを決めておくことが大切。そして、結婚式用資金を使い込んでしまわないよう、専用の口座をつくって、互いに一定の金額を振り込み、共同作業で貯めていくことをおすすめします。

一方で、貯蓄がない人や費用をおさえたい人向けの格安のウェディングサービスも登場しています。格安ウェディングは、日程やプログラム内容などに制限が多少ありますが、結婚式よりも、今後の生活のためにお金を使いたい！　という人は、こういった方法で費用をおさえることを検討してみるとよいでしょう。

02 結婚生活を快適にスタートするには？

人生において、結婚式はゴールではありません。あくまでも自分とパートナーとの新しい生活のスタートです。ですから、**結婚式にお金を使いすぎて、新生活のための住居や家具・家電がランクダウンするのは本末転倒**といえるでしょう。

ちなみに新生活に一般的にどのくらいかかるかというと、家具や家電に70〜80万円。そして、新居のための家賃のほか、敷金・礼金・不動産手数料で合わせて家賃6か月分くらいが必要です。そのほか、引っ越し代などがかかることを考えると、首都圏なら**新生活のために150万円は必要**と想定しておきたいところです。

もちろん、節約する方法はいろいろあります。家具や家電をなるべく手持ちのものですませたり、住居の条件を妥協して家賃をおさえたりする手もあるでしょう。

結婚前に、何にいくらかけるのかをパートナーとしっかり話し合い、価値観のすり合わせをしておくことが、快適な結婚生活を始めるための秘訣です。

新生活を快適にするためのお金

新生活の準備費用 出典：「ゼクシィ新生活準備調査 2016」より作成

インテリア	**40万円**	住居の敷金・礼金などの賃貸費用	**18.2万円**
家電製品	**37.4万円**	引っ越し費用	**6.4万円**

新生活を始めるために、必要な合計額の平均は約102万円！

結婚後

	夫婦別財布	夫婦共同財布
メリット	●自分のお金を自由に使える ●個人で貯蓄できる ●家計管理の負担を分担できる	●家計の状況を互いに共有できる ●家計の収入と支出を管理しやすい ●貯蓄の目標・進捗が明確になる
デメリット	●家計全体の把握が難しい ●生活費以外の使いみちでもめることも ●お金が貯まりにくい	●自由なお金が少なくなる ●おこづかいの額でもめることも ●家計の管理がどちらか一方の負担になりがち

結婚後のお金の管理は、互いの収入の一部から生活費を入れて、それ以外は干渉せずに独自で管理する「夫婦別財布」。そして、すべての収入をまとめてひとつの口座で管理し、そこから必要なお金を使いつつ、おこづかい制度にする「夫婦共同財布」という2つの方法が一般的です。どちらの方法でもメリット・デメリットがありますし、夫婦によって働き方や、収入バランスも違うでしょう。お金の問題は、結婚生活上、大きなトラブルに発展しやすいので、きちんと自分たちの生活スタイルに合った貯蓄方法を話し合っておきましょう。

03 共働き家庭は貯蓄額がわからない!?

夫婦両方が働く共働き世帯は、世帯収入が多いので、ゆとりのある生活ができます。その一方で、家計管理の方法によっては家計の収支の全体像やお互いの貯蓄状況がわからず、「相手が貯めてくれているはず」とお互いをあてにして自由に散財し、気付いたときには、思ったよりお金が貯まっていなかった……というケースがよくあります。結婚後、お金を確実に貯めていくには、**夫婦それぞれの収入、将来の目標（マイホームや子どもの教育費）を把握したうえで、生活費の予算（間取り）、お金を「貯める」「増やす」計画を、ふたりで決める**ことが必須です。できれば結婚前の段階で、お金に関する考えを話し合い、P67のライフプラン表を一緒につくりましょう。

共働き夫婦が貯蓄しやすい方法としておすすめなのは、**夫婦共有の家計用共通口座と貯蓄用共通口座をつくって、夫婦それぞれが家族の生活費と貯蓄分のお金を入れ合い、残りは自分で管理**するという方法です。

共働き夫婦の家計管理のルール

1. **月々の収入・生活費を把握**し、ふたりがどのくらいの割合で出し合うのかを決める
2. ふたりでそれぞれ**月にいくらずつ貯蓄するのか**を決める
3. それぞれが**自由に使える1か月あたりの金額**を決める
4. **家計用の共通口座**をつくり、銀行引き落としや、現金で使う生活費はこの口座にまとめる（口座名義は世帯主に）
5. 夫婦**共通の貯蓄口座**をつくる（目的別に分けてもOK）
6. **自動で共有口座に送金**するしくみをつくる（自動送金・振替など）

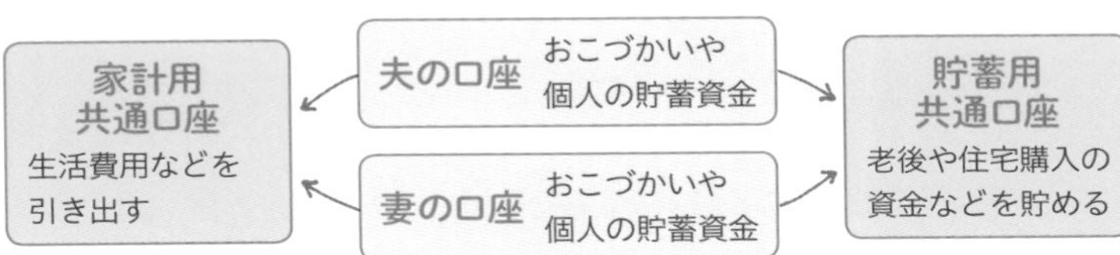

この方法だと、自分用の口座のほかに、家計用共通口座と貯蓄用共通口座をチェックする必要が出てきます。面倒に思うかもしれませんが、自分の口座から共通口座に自動送金する手続きさえすませておけば、あとはそれぞれの通帳を月に1回くらい確認して、使いすぎがないかチェックするだけ。自分専用の口座で自分が自由に管理できるお金も確保しているので、すべて共有するより、ストレスが少ないのもうれしいところ。何より、**お互いが目標と実績を共有することで、お金を確実に貯めながら絆を深めていける**ことが最大のメリットです。

ハローワークを頼りにする
転職・失業した時にやるべきこと

まさか自分が無職になるなんて思ってなかったから
明日からの生活が心配…貯蓄どころじゃなくなっちゃったよ

とはいえふたりとも長く勤めてたんやろ？せやったら失業保険があるで
失業保険？

失業保険は、雇用保険に1年以上加入してた人が失業した時に生活を心配せず、仕事探しができるようにしてくれるっちゅーもんで
しつぎょうほけん
失業保険
やめる直近6か月分の給与の合計を180日で割ってその金額の5〜8割程度が一定期間もらえるんや

直近6か月？180日で割る…？
ややこしいか？毎月同じ位の額を一定でもらってるなら給与の5〜8割が給付されるって考えればええで

月々もらうお金がバラバラな人や6か月以内に休職とかしてた人は計算したほうがええけどな
なるほど〜

じゃあ焦らなくても大丈夫じゃん！よかった〜
♪
待たんかい、誰もすぐあげるとはいうてへんぞ

もらえる時期は「自己都合退社」なのか「会社都合退社」なのかで大きく違うんや

まずニジコは店が潰れたんやから正真正銘「会社都合退社」
でもケイは喧嘩して啖呵切ったんやから「自己都合退社」
なっ！

私は悪くない！上司のマネージメント不足が…！
そういう話ちゃうねん

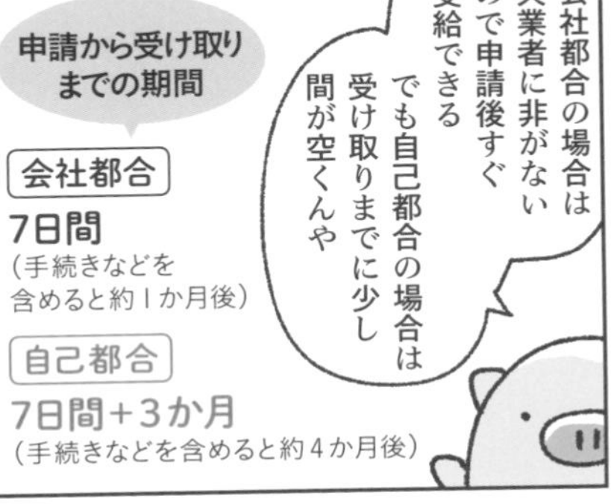
会社都合の場合は失業者に非がないので申請後すぐ受給できる
でも自己都合の場合は受け取りまでに少し間が空くんや
申請から受け取りまでの期間
会社都合
7日間
（手続きなどを含めると約１か月後）
自己都合
7日間＋3か月
（手続きなどを含めると約４か月後）

ケイの場合、最初の失業保険を受け取れるのはだいたい4か月後、早くても3か月後や
4か月後!?長い！

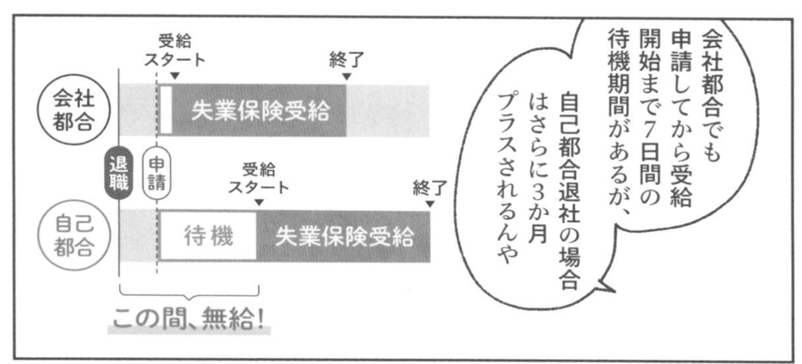
会社都合でも
申請してから受給
開始まで7日間の
待機期間があるが、
自己都合退社の場合
はさらに3か月
プラスされるんや
受給
スタート
終了
会社
都合
失業保険受給
退職
申請
受給
スタート
終了
自己
都合
待機
失業保険受給
この間、無給！

まぁ仕方が
ないわね…じゃあ
ゆっくりするか…
甘いで！
申請せんかったら
いつまでたっても
始まらへん！
しかも退職日から1年※
が受給受け取りの期限
やから、ぼーっとしとっ
たら満額もらえへん
かもしれんのやで！
※出産や育児
などの場合延長あり

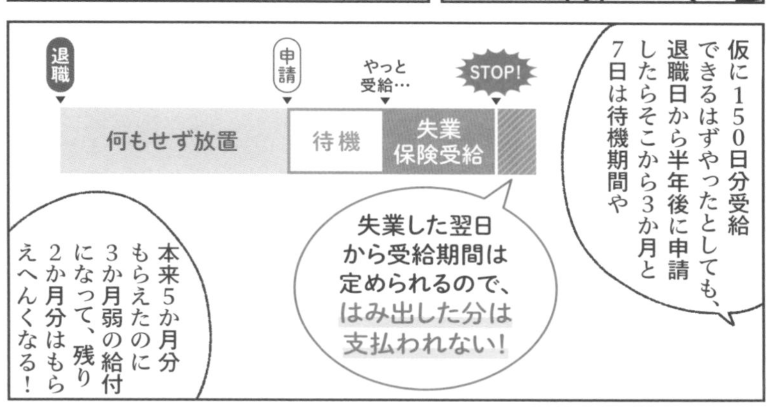
仮に150日分受給
できるはずやったとしても、
退職日から半年後に申請
したらそこから3か月と
7日は待機期間や
退職
申請
やっと
受給…
STOP!
何もせず放置
待機
失業
保険受給
失業した翌日
から受給期間は
定められるので、
はみ出した分は
支払われない！
本来5か月分
もらえたのに
3か月弱の給付
になって、残り
2か月分はもら
えへんくなる！

う…っ
もらえなくなる
のはつらいわね
早め早めに
申請しなきゃ

大変だねぇ～
自己都合退社
ちゃんは！
私はすぐに
支給してもら
えるけど♪

会社都合やった
としても気を
つけなあかん
ことあるで
え？私!?

ニジコは
ハンドメイドの
副業で副収入
あるやろ？
失業保険受給
中はそういう
細かい収入も
申請せなあかん

面倒やろう
けど認定日に
申告せな
あかんぞ
えー
えーいい
じゃん
別に

申告せぇへんと
受給者資格を
失うかもしれんし
最悪、受給した
額の3倍納付せな
あかんのやぞ!?
気を
つけ
ます…

転職もしたいんだけど…前の会社ほどもらえる自信ないなー待遇よかったし

そういう場合は、就業促進定着手当をハローワークに申請や！
転職前の給料との差額を6か月間、国が補てんしてくれるんや
え、そんなのできるの!?
じゃあよくある「試用期間半年は減額」とかもカバーできるわね
条件はあるけどな、でもこういう制度は助かるわなぁ
ほかにもハローワークの求人から応募した場合は、引っ越しにともなう移転費、交通費を出してくれる制度もあるんやで！

そこまでしてくれるんだ…！雇用保険っていままでよくわかってなかったけど神すぎる！
うるっ
まぁな
せっかくの制度やうまく使いや

04 子どもの教育費は、いくら必要？

子どもを産み、育てるにあたって、最も気にかかるのが教育費です。保育園・幼稚園については、2019年より幼児教育無償化によって3～5歳児の保育所・幼稚園・認定こども園の利用が無料になっていますが、それ以降の教育費も気になりますよね。

文部科学省の「平成30年度　子供の学習費調査」によると、まず、小学校6年間の学習費の総額（学校教育費＋給食費＋学校外教育費）は、公立校に通った場合で約193万円、私立校なら約959万円。中学校は、公立なら約146万円、私立なら約422万円。高校は、公立で約137万円、私立なら約290万円かかっています。つまり、**すべて私立に通わせると年間100万円以上もの教育費が必要**ということです。そして、最も負担が大きいのが、大学費用です。各大学や学部・学科によっても異なりますが、**国公立大学に進学した場合でも、入学費用と4年間の在学費用を合わせると必要な金額は、約244万円。私立文系なら約428万円、私立理系なら約**

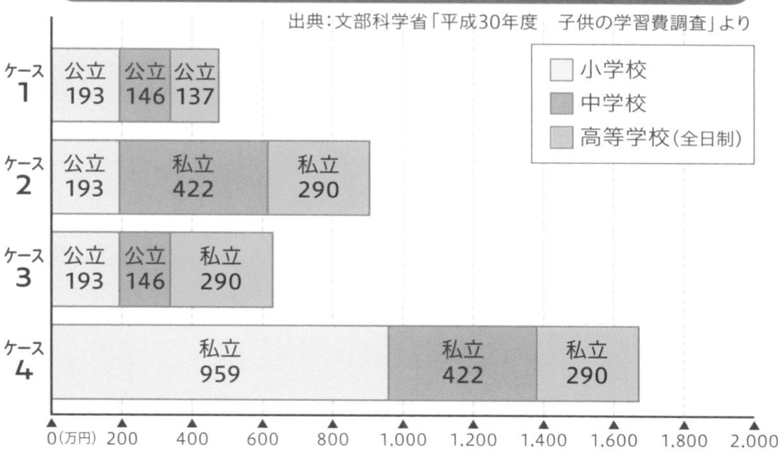

589万円。 さらに下宿させる場合は、年間約90万円の仕送りが必要です。このような大金を急に用意することはできません。しかし、**教育費は選択する進路にもよりますが、「いつまでに・いくら必要か」が比較的わかりやすい出費**です。

先々のことを見通して、子どもが生まれたらすぐ大学進学費用を積み立て始める、その一方で、高校までの学費は月々の生活費の中から捻出するという方法がおすすめです。教育費の目標設定は、医科歯科系の大学に行く場合などを除いて、まずは「18歳までに300万円」をめざすとよいでしょう。

05 教育費のために活用したい制度

大学などの進学費用として**子どもが18歳になるまでに300万円貯める。**これが一般的な教育費の貯蓄目標額です。では、どうやってそれを貯めたらよいでしょうか。

ひとつは、子どもに関する制度を徹底的に利用することです。まず、中学校卒業までに支給される児童手当を使わず、教育費用の口座にキープすること。3歳未満は月1万5000円、それ以降は月1万円が支給されるので、これだけで約200万円もの金額を貯めることができます。また、幼児教育無償化で浮いた保育費・教育費も、「払ったつもり貯金」で月2万5000円ずつ3年間貯めれば、上記と合わせて高校入学前までに約300万円の貯蓄ができます。変則的な貯め方よりも、均等に積み立てていきたいという場合は、**子どもが生まれた直後から、毎月1万4000円を貯めていけば、金利0%だったとしても18年後には300万円の目標をクリアできます。**

一方で、大学進学まで18年もあるなら、投資で増やすのはどうか……と思う人も

ジュニアNISAで子どもの教育費を確保

利用できる人	▶ 日本在住の0～19歳の人（口座を開設する年の1月1日現在）
非課税対象	▶ 株式・投資信託等への投資から得られる配当金・分配金や譲渡益
口座開設可能数	▶ 1人1口座
非課税投資枠	▶ 新規投資額で毎年80万円が上限（未使用分の翌年への繰り越し不可）
非課税期間	▶ 最長5年間
投資可能期間	▶ 2016年～2023年（＊1）
運用管理者	▶ 口座開設者本人（未成年者）の二親等以内の親族（両親・祖父母等）（金融機関によって異なる場合あり）
払出し	▶ 18歳までは払出し制限あり（＊2）

＊1…2023年12月末以降、当初の非課税期間（5年間）の満了を迎えても、一定の金額までは20歳になるまで引き続き非課税で保有できる。
＊2…3月31日時点で18歳である年の前年12月31日までの間は、原則として払出しができない。

いるかもしれません。ただ、教育費の支払いは時期をずらせないので、**基本的には元本保証の金融商品で「貯める」ことをおすすめします。**どんどん教育費が値上がりする状況を見て、どうしても投資に挑戦したい場合でも、少なくとも300万円は元本を確保しておきましょう。そして、それを超える分を「ジュニアNISA」などを利用して、子どもと一緒にお金や投資の勉強をしながら増やすことをめざしてみるのもおすすめ。

また、これらが難しい場合でも、教育資金は奨学金などの方法もあります。生活状況によって、検討しましょう。

06 自分にぴったりの保険は？

「大けがや大病で入院したら……」「自分の身に万が一のことがあったら……」。そんな〝もしも〟の事態を金銭的にカバーしてくれるのが保険です。ただ、「保険のかけすぎ」には要注意です。保険とは、あくまでも「万が一」に備えるためのものなのに、**保障を盛りすぎて保険料が高くつき、肝心の日常生活や貯蓄に支障をきたしているケースがよくある**のです。保険料の支払いが家計の負担になってしまっては元も子もありません。シングルや既婚者でも子どものいない人は、**毎月の保険料のめやすを月収の3％以下にとどめましょう。**

まず、病気やけがに備える際は、医療保険を検討しますよね。ただ、その際に知っておきたいのは**日本の公的な医療保障は充実している**ということ。医療費の自己負担は3割ですし、大病を患って（わずら）も「高額療養費制度」により、自己負担の上限は約9万円ですみます。入院日額5000円程度の終身医療保険に加入しておけば、十分です。

ライフステージに合わせて保障を準備!

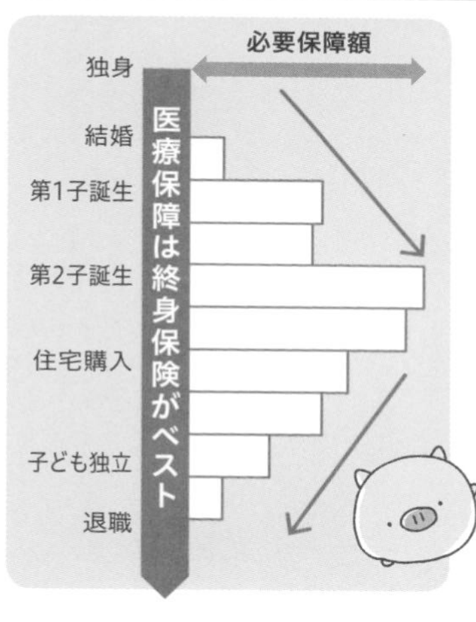

終身保険

- 保障が生涯続く
- 支払い方法は、「終身払い」(生涯保険料を払う)か「○歳払済み」(○歳をすぎたら払わなくてよい)

定期保険

- 決められた期間(10年、20年など)のみ保障(契約を更新することも可能)
- 保険料の支払いも一定期間

必要保障額は、万が一の時、残された家族が生活していくために必要な資金のことやで!

また、貯蓄が十分にあるなら、入らないという選択肢もあります。

万が一のための死亡保障は、生命保険で用意します。自分が死亡すれば家族に保険金が支払われるというものなので、養っている家族がいないなら、基本的には不要です。**結婚して家計の一部を担うようになった、子どもが生まれたなどの際に死亡保障を手厚くしていきましょう。**なお、家を買って「団体信用生命保険」に加入した場合、ローン契約者が死亡すると、契約者分のローンの支払いがなくなるので、生命保険の死亡保障は縮小できます。

07 賃貸かマイホーム　どっちがおトク？

結婚して「部屋が手狭になった」という人や、シングルで「賃貸のまま老後を迎えるのは不安だし、家賃を払い続けて手元に何も残らないのはイヤ。マンションを買おうかな」と検討している人もいるでしょう。ただ、マイホームを購入したらそれですべて安心というわけではありません。**冷静に判断できるよう、住まいを借りた場合と買った場合のメリット・デメリットを比べておきましょう。**

賃貸のメリット・デメリットは以下の通りです。

○家計やライフスタイルの変化に合わせて住み替えが気楽にできる
○住宅ローンという重い借金を背負う必要がない
○固定資産税や修繕費などの費用がかからない
×家賃が老後もずっとかかる
×資産が残らない

あなたは賃貸向き？　購入向き？

チェックA
- ☐ 自分の家を持つことはステータスにつながると思う
- ☐ 家にはこだわりがある。自分や家族の好みを反映させたい
- ☐ 家の柱に子どもの身長の傷をつけるなど、家に思い出をつくりたい
- ☐ 万が一の時、住宅を家族に残せると思うと安心だ

チェックB
- ☐ 将来、どこに住むかまだ決めていない
- ☐ いろいろな家や場所に住んでみたい
- ☐ 近隣の住人と、騒音や人間関係で悩んだりしたくない
- ☐ 大きな借金はしたくない

Aが多い人やったら購入、
Bが多い人は賃貸のほうがええ可能性大や！

×自由にリフォームできない

購入の場合は以下の通りです。

○ローンを払い終われば物件が自分のものになる

○ローン完済後は、家賃のような毎月の住宅費用はかからなくなる

○自由にリフォームできる

×大きな借金を背負う。とくに教育費がかかる時期は大きな負担に

×固定資産税や修繕費など、維持費の負担はずっと続く

×気軽に住み替えができない

こうした条件を慎重に検討して賃貸か購入かを決めましょう。

08 マイホーム購入のための準備は？

住宅購入を検討している場合、お金のことで後々困らないよう、とくに以下の2つに注意しましょう。

まず、心得ておきたいのが、今後のライフプラン、**働き方を考えたうえでムリなく返せる資金計画を立てる**こと。子どもが生まれたら、自分はフルタイムで働けるのか。子どもの教育にどのくらいお金をかけるのか。車や海外旅行などにお金をかける予定はあるのか。これらのライフイベントを考慮したうえで、どこまで住宅購入にお金をかけられるのかを計算し、そのうえで住宅の予算を決め、予算の範囲内で物件を選ぶようにしましょう。

ちなみに、**月々の返済額は、手取りの25％程度におさえておかないと、月々の家計のやりくりに苦労する**ことになります。また、手取りの見込額も、子どもがいない夫婦の場合は、出産後のことを考えて少なめに見積もったほうがよいでしょう。

住宅ローンを借りるなら「フラット35」

- 最長35年、金利が変わらない
- 質の高い住宅の取得を支援（一定基準にもとづく物件検査を実施）
- 保証人不要、繰上返済手数料不要
- 契約者の万が一に備えて、新機構団信や新3大疾病付機構団信を用意

【フラット35】金利　※2020年2月現在

返済期間	15年～20年	21年～35年
金利の範囲	年1.230%～年1.890%	年1.280%～年1.940%
最頻金利（金融機関による）	年1.230%	年1.280%

次に大切なのが、**購入前にしっかりとお金を貯めておく**こと。なぜなら、利息を含めた総支払い額をおさえるには、借入金額を減らす＝頭金をたくさん用意することが近道だからです。頭金は、少なくとも、物件価格の2割は用意したいところです。

また、頭金以外にも、不動産業者に払う手数料（物件価格の5～7％）や、新居の家具・家電を購入するお金、不意の出費に備えて、頭金以外に生活費の半年～1年分は現金を残しておく必要があります。合計すると、**自己資金は物件価格の3割を用意するのがベスト**です。

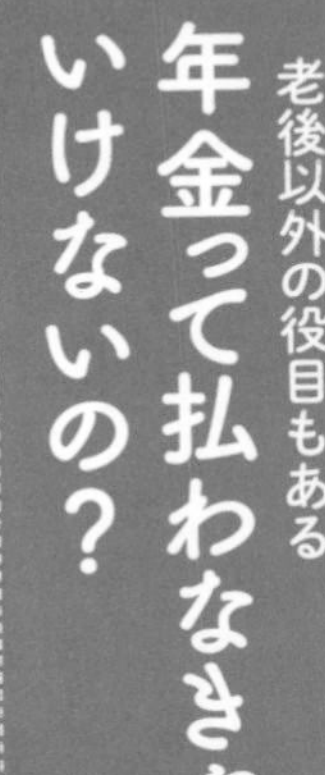
老後以外の役目もある
年金って払わなきゃいけないの？

あ～
またこんなに
引かれてる！
ん？
どうした
んや？

給与明細見て
て、結構税金
引かれるなー
って思ったの
ほう

一言で税金って
いうけど、給与
から引かれる
お金はいろんな
ものがあるんやで
・所得税
・住民税
・社会保険
健康保険
介護保険
雇用保険
厚生年金

無職になった
あのふたりに
雇用保険の
大切さ話した
ばかりやろ？
そうなん
だけど…

ぶっちゃけ
年金って
払う必要
あるかな？

ユメミ…納税は国民の義務やで…？
年金は20歳以上60歳未満のすべての人が加入！これが鉄則や！
将来年金を受け取るには10年以上の加入期間が必要や満額なら40年間納めんとな！
40年
ちなみに、将来もらえる年金額は、保険料を納めた期間に応じて決まるんやで
うんうん
でもさ…
年金って本当にもらえるのかな？
うっ
グサ
たしかに年々少子高齢化が進んでるし、昔みたいに年金納めてたら老後安泰ってことはなくなったわな

でもそれは老後受け取る「老齢年金」の話や
年金は老後にならんと受け取れんわけやないで！
また高いところ登って…
代表的なのは重い病気やけがで障害が残った時に支給される「障害年金」
障害？
せや、病気やけがで働けへんようになってもこれがあれば生活していける
がんや糖尿病、重度のうつ病なんかも対象や
まだ若いから自分は障害とは無縁やと思ってるやろ？　でも…
そんなことないよ～
お買い物我慢してた時はね、頭の中がモヤモヤして心の病気かもって思ったし
買いた～い
それは買い物依存症や

あとは加入者が亡くなった時に、配偶者や遺族が受け取れる「遺族年金」や
親やパートナーが亡くなったことで、生活が苦しくなるのを防ぐ役割もあるんや
つらい時にお金の心配を軽減してくれるのはありがたいね
こんな感じで、年金は老後だけやない、いま現役で働いている人の万が一に備える側面もあるんやで
そうなんだね
たしかにそれを聞くと払ってもいいかもね～
かも、やと!?
払ってもいいかも、ちゃうんや！さっきもいうたけど年金は義務や！
ブタちゃん、落ち着いて…

もし払わへんかったら、大変なことになるんやで？
え？

納付を拒んでいたら追加で滞納金を支払わなあかんことになる！
うー！逃げられない！

さらに銀行の口座が凍結されたりする！
そんな！もうお買い物できなくなっちゃう！

それでも払わへん頑固もんに待ってるのは…
財産の差し押さえや…！
もうわかりました！ちゃんと払います！

はじめからそういえばええんや 自分や家族を守るためにもしっかり納付するんやで！
うう… 給与明細の文句からここまで話がややこしくなるなんて…
とはいえ 年間にすると大きいお金や どうしても払えん時は免除や猶予といった制度もあるで
猶予？
あ、たしか私が大学の時、成人してたけど学生だからって猶予の手続きしたかも
ママが
ママはえらいな
税金も払える人が払って、助け合いの精神や
働けるってありがたいことだね
じーん
ちなみに絶賛失業中の私たちも免除の対象です！
ハロワで教えてもらったわ
はよ働いて追納しろよ〜

09 公的年金って本当にもらえるの？

「公的年金制度が破綻するのでは」と心配する人も多いのではないでしょうか。ですが、年金制度そのものについては、日本という国が続く限りその心配はないと考えていいでしょう。ただ、もらい始める年齢が現在の65歳から引き上げられたり、受給額が下がったりする可能性は大いにあります。老後、生涯もらえる**公的年金はシニアライフを支える土台になる存在ではあるものの、それだけで暮らしていくことは難しくなる**かもしれません。自分で老後資金を用意することが必要です。

では、老後資金はどのくらい用意すればいいのでしょうか。その金額は、老後にどのくらい年金があるのか、どんな生活を送りたいかによって変わってきます。各種データによると、年金を受給している夫婦の家計は、平均して月約6万円の赤字となっています。**毎月約6万円、預金を取り崩しながら生活しなくてはならない**わけです。60〜90歳の30年間なら6万×12か月×30年で計2160万円が必要ということです。

毎月の年金の不足分を確認しよう

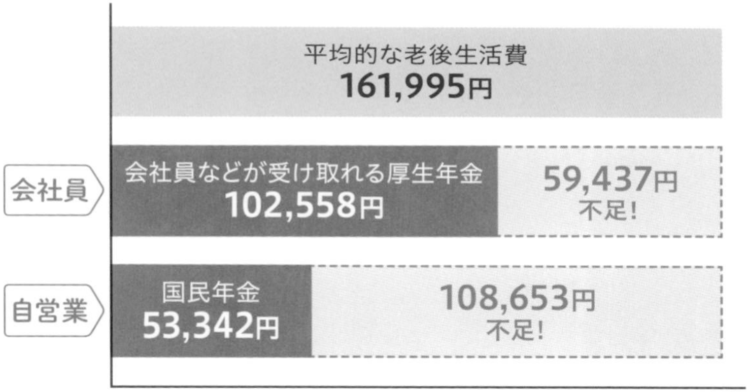

平均的な老後生活費
161,995円

会社員
会社員などが受け取れる厚生年金
102,558円
59,437円
不足！

自営業
国民年金
53,342円
108,653円
不足！

出典：厚生労働省「平成30年度　厚生年金保険・国民年金事業の概況」
総務省「平成30年度　家計調査年報」より作成

この金額は、サラリーマン＆専業主婦家庭の平均的な数字と考えておいてください。夫婦とも自営業なら、世帯あたりの年金が少ないので、この倍くらいの貯蓄をしておくか、老後も働き続ける覚悟が必要です。逆に、夫婦ともずっと正社員で働き続けた場合は、世帯あたりの年金額が多くなるので、老後資金づくりはもう少し楽です。

自分の年金見込額や老後の生活設計を考えてから老後資金の目標を考えるのが理想ですが、**先行き不透明なのでまずは個人で1000万円をめざし、40代後半くらいに計画を再検討しましょう。**

10 老後資金を増やすならiDeCo!

老後資金を貯める&増やす方法として、おすすめなのがP175で紹介したiDeCoです。これは、**自分専用の年金口座に毎月一定額を積み立て、自分の選んだ方法で運用することで、将来の年金の受取額に上乗せできる**というもの。公的年金制度は現役世代がリタイア世代を支えるしくみ（賦課方式）ですが、iDeCoは自分自身のために積み立て、その運用実績に応じた額を将来受け取ります。

すでにふれた通り、iDeCoは、**税制上のメリットが非常に大きい制度**です。1年分の掛金全額が、所得税・住民税の計算の際に所得から差し引かれるのが最大のポイント。最も税率が低い人でも、掛金の合計額の約15%分もの税金（所得税と住民税の合計）が安くなるのです。また運用益も、通常約20%かかる税金が非課税になります。これだけの運用益をコンスタントに出せる金融商品はないに等しいので、**節税効果のみを考えてもiDeCoに取り組む価値は大きい**といえるでしょう。

働き方によって違うiDeCoの拠出限度額

	第1号被保険者	第2号被保険者		第3号被保険者
加入対象者	自営業者	会社員	公務員など	専業主婦(夫)
掛金	年額 81.6万円 (＊1)	企業年金なし 年額 27.6万円 企業年金あり 年額 14.4万円～24万円	年額 14.4万円	年額 27.6万円

＊1…国民年金基金や国民年金保険料との合算

iDecoは、自分で運用方法を選びますが、「絶対に元本割れは避けたい」「投資に自信がない」という人なら、定期預金など元本保証タイプの運用商品を選ぶことも可能です。

そして、**受け取りは、10年以上加入していれば60歳から可能です。**一時金として受け取ることもできますし、年金方式で受け取って、65歳の公的年金受給までのつなぎとして使うのもいいでしょう。

さらに、受け取り方を工夫すれば、一時金だと退職所得控除、年金だと公的年金等控除が適用されて、税金が優遇されるのもiDeCoのメリットのひとつです。

11 将来を楽しむために"いま"できること

ここまでご説明してきたように、これからの人生ではさまざまなイベントが待っています。大きな金額が必要なものとしては、結婚、住宅購入、教育、老後生活など。ほかにも、留学や旅行、資格取得など、かなえたい夢や目標がいろいろとあることでしょう。たくさんありすぎて、これらのお金をどうやって貯めていったらいいのか、途方に暮れてしまいますよね。そこで、**一番大切なのは、やはりライフプランを明確にすること**です。

ライフプランを明確にしたら、左図のような、「夢を実現するための貯蓄目標額シート」を書き出してみましょう。**楽しい夢を具体的に書き出すことで、お金を貯める・増やすモチベーションもアップします！**　また、「行動宣言シート」には、今後の豊富や具体的な家計の見直しを書いて、定期的に振り返るのがおすすめです。将来の自分が楽しく・快適に暮らすための準備をいまから始めましょう！

夢を実現するための貯蓄目標額シート

（例）

行動宣言シート

- 毎週火・木曜日は、ノーコンビニデー
- 3か月以内に格安スマホに切り替える
- ジム代金をムダにしないために、週2回は必ず行く

[3] 年後の [ヨーロッパ旅行] のための資金を [30万円] 貯める！

[30万円] − [現在準備できているお金 0円] ＝ [不足分30万円]

毎月の貯蓄目標額

[不足額30万円] ÷ [3年] ＝ [10万円] ／年（÷12か月 [8,334円]）

行動宣言シート

-
-
-

[　] 年後の [　　　　] のための資金を [　　円] 貯める！

[　　円] − [　　　　円] ＝ [　　円]

毎月の貯蓄目標額

[　　円] ÷ [　年] ＝ [　　円] ／年（÷12か月 [　　円]）

知っている人だけがトクをする!

便利なアプリを使ってみよう!

世の中には、便利なアプリがたくさんあるわな。
その中でも、豪華な景品に応募できたり、
おトクな情報がもらえたりするアプリを
厳選して6つ紹介するで!
自分の生活に合ったアプリで
上手に節約や!

【CODE】

利用料/無料

支出を管理しつつ、ポイントも貯まるアプリ。

レシートを撮影すると、2種類のポイントがもらえる。ひとつめのCODEコインは、アプリ内で開催中の懸賞に応募できる。2つめのTAMARUポイントは、1ポイント=1円相当でAmazonギフト券や、dポイントなどに交換可能。また、買い物の内容が自動的にカレンダーとグラフに集計されるため、簡単に支出を把握できる。

【バンクにしらたま】

利用料/無料

"知らず"に"たま"るが由来のアプリ。

有名な家計簿アプリ「マネーフォワード ME」と連携させることで、クレジットカードの支払い履歴を利用した「おつり貯金」が可能。たとえばコンビニで買い物をした時、あらかじめおつり算出元の額(100円、500円、1000円から選択)を登録しておくと商品代金との差額がおつりとして自動的に貯金されるしくみ。

【iSPEED】

利用料/無料

無料で情報収集ができる楽天証券のアプリ。

楽天証券に口座を開設すると、オンラインやアプリ上で日経新聞の朝刊・夕刊、日経MJなど通常であれば、月8000円ほどかかる内容を無料で読むことが可能。とくに、口座への入金等も不要。運用を始めたい人なら、楽天証券で口座開設をして、無料で新聞の情報を確認しながら行うのがおすすめ。なお、楽天ポイントでの投資も可能。

【Shufoo!】

利用料/無料

チラシを見るだけでポイントが貯まる。

全国11万店以上のスーパーやドラッグストア、百貨店などのチラシが無料で見放題。ほかにも、近所のお店のタイムセールや限定品などの情報がタイムリーに届くので、普段のお買い物に便利。なお、会員登録をするとShufoo!の利用に応じてポイントが貯まり、素敵な賞品に応募できるのも大きなメリット。

【旅貯金】

利用料/無料

旅行好きな人のための貯蓄用アプリ。

期間と金額を設定すると自動的に積み立てできるアプリで、なんと、積立金にプラス2%上乗せしてくれる。なお、積み立てはクレジットカード決済で行われるため、利用するカードにポイント機能が備わっていれば、ポイントがつくことによりダブルでおトクに。また、チャット上で、専門家に旅行の相談や手配といった無料相談も可能。

【Moneytree】

利用料/無料

クレジットカードや電子マネーも一元管理。

銀行やクレジットカード、電子マネー、マイル・ポイントなど、複数の金融サービスを一元管理できる個人資産管理ツール。自動的に口座残高やカードの明細情報が更新されるので、収支状況を簡単に把握できる。ポイントの有効期限やカードの支払日、口座残高の低下などを知らせる通知サービスがあるので、ポイントの消失を未然に防ぐことが可能。

ブタさんからのエール
新たな旅立ちへ…

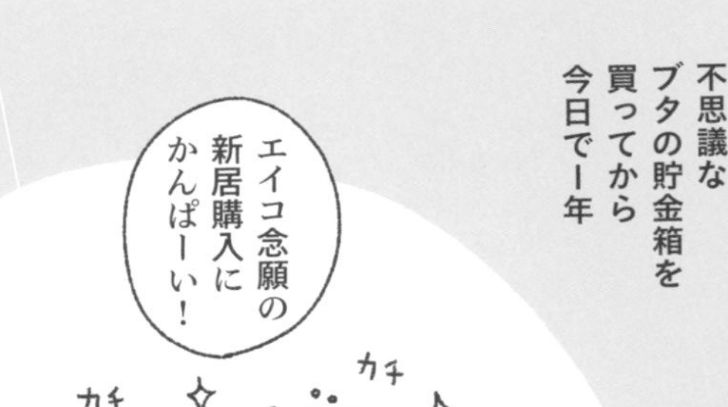

ニジコもいい仕事見つかったしね
そうなの
あれからすぐ開業届だしてハンドメイド制作を本格化したら
衣装とかを専門につくってるいまの会社から声がかかって正社員採用！
スカウトじゃん、すごいね…！
まだ入社したての下っ端だけどね
でもオタクっぽい趣味の人が多いからか有休消化率高くてさ！ライブやイベントも参加できそう！
それ、ニジコにとって最高の職場だね！アイドル推しにも理解ありそうだし
でもいままでみたいに全イベント制覇！とはいかなくなったよね…
でもいいの！
会えない分、推しへの想いが熟成されて会えた時の愛の深さ、感情の高まり、それは爆発！もはや宇宙…！
ページ数足りないからちょっと黙ってな

私のことより
ユメミ、あんた
こそ大勝利
じゃない…
節約しててもおしゃ
れがしたいって始めた
ブログ、めちゃくちゃ
人気になってるの
知ってるわよ！
やーん♡
「プチプラ服しか
使ってないのに
おしゃれに決まる」
って話題になって
気になるあの人
あの有名雑誌の
おしゃれさん
特集に載っちゃ
ったりして！
ユメミは知ら
ないだろうけど、
あの雑誌は私の
推しの事務所が
バックにいるのよ…
Zasshi
このまま人気に
なって、推しと
並んで載る日が
来ると思うと…！
うらやまじい!!
やけに熱い
なと思ったら
やはり推しに
つながるのか

あれ、そういえばケイは？
なんか遅れてくるって
ケイが遅刻？めずらし～
交通費ケチって歩いてきてるんじゃない
おじゃましまーす
あ、ケイいらっしゃ…
来た来た
い…！
ケイ！メガネは？ヘアスタイルもなんか違う！
まるで別人じゃん！
相変わらずうるさいわね…

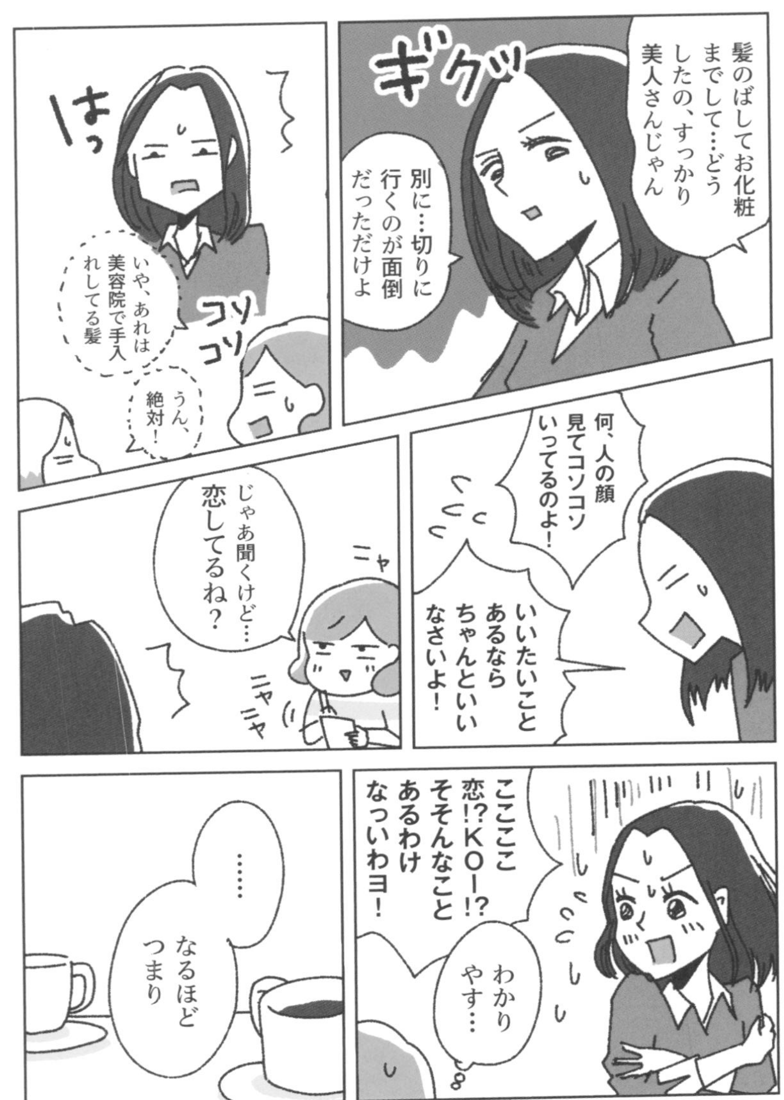
髪のばしてお化粧までして…どうしたの、すっかり美人さんじゃん
ギクッ
別に…切りに行くのが面倒だっただけよ
はっ
いや、あれは美容院で手入れしてる髪
コソコソ
うん、絶対！
何、人の顔見てコソコソいってるのよ！
いいたいことあるならちゃんといいなさいよ！
ニャ
じゃあ聞くけど…恋してるね？
ニャニャ
こここここ恋!?KOI!?そそんなことあるわけなっいわヨ！
わかりやす…
……
なるほどつまり

あの時勢いで
仕事をやめた
ケイちゃんに
職場の男性から
連絡が来て
食事に誘われ
て投資の話で
盛り上がって
意気投合
「会社に戻りたい」
って気持ちを打ち
明けたら彼が上層部
に掛け合ってくれて

やめる前と同じ
条件で再雇用
してもらえた、
そして
プライベート
ではその彼と
深い関係に…
もう
いいでしょ！
わざわざ回想
しなくていい！

いいわね、
若いって…♡
ニヤ
ニヤ
アンタと同い年
でしょーが！

あの堅物なケイちゃんに春がやってきたか…♡
ゴシップ大好き2人
こりゃブタさんに金一封包まんと
アンタたち好き勝手いって！

でもブタちゃんがキューピッドよね？
なっ…

…まぁそうね
ポワ～ン
女子の顔してるわ

っていうかみんなで立てた旅行積み貯金、そろそろ貯まってるんじゃない？
たしかに！

1泊旅行くらいいけるんじゃない？ね、ブタさん！
あれ？…ブタさん？

拝啓

お金に無頓着やった4人組
みんなこの1年
それぞれの目標に向かって
ようがんばった

楽しみながら
自分に合った方法を
見つけられたら、
ムリすることなく
お金は貯まるんや

お金は大事なことや
でもな
ほかの大切なことを
犠牲にしてまで
貯めるもんやない

それをわかってくれたから
ここまで貯めれたんやで

お金がすべてちゃう
でもやっぱりお金が
あるほうが人生は選択肢も
多いし、楽しいで！
うん、いま
楽しいもん！
そのためには
体と心の
健康に気ぃつけや
人間は体が資本や
体を壊したら
元も子もない
家族の健康
あってこその
お金だしね！

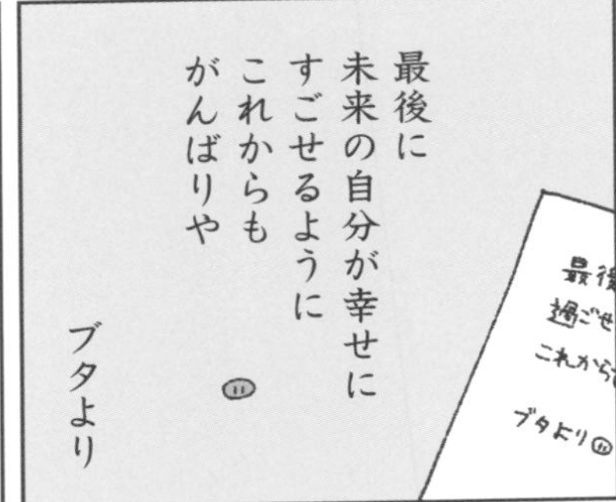
最後に
未来の自分が幸せに
すごせるように
これからも
がんばりや
ブタより

何もいわず
にいなく
なるなんて
ひどいよ…
手紙だけ
残していく
なんて…
シク
シク

違うわ！
何も残して
ないわけじゃ
ないもん！
うーーん
買い物する時も
普段の生活
する時も
私、いつも心の
中のブタちゃん
と話しながら
考えてるもん！

うん、私もいつも
心の中のブタさんに
相談しながら、
お金使ってるよ！
ブタさんが
いなくなっても
その意志は
もう私たちに
根付いたよね！
貯金箱に貯めてた
共同貯金のお金も
同封されてる…！
こんなに貯まって
たんだね
せや、それは全部
お前たちの
がんばりやで
チラ…
ほんまに
みんな
がんばった
褒めたるで
…けど
じっ…
ブタちゃん
ありがとう！
またいつか
きっと
会えるよね！
誰もいなくなる
なんて書いて
へんのやけど…
出にくいわ…
お手洗い
行ってた
だけ

監修者 **飯村 久美（いいむら・くみ） FP事務所アイプランニング　代表**
金融機関在職中にファイナンシャルプランナー（FP）の資格を取得。退職後、自らの経験から、お金の正しい知識を身につけることが「やりたいこと」や「夢」につながるだけでなく、「生活を守る手段」であると痛感。その経験を伝え、ライフプランを通じて家族が夢を持ち、1人ひとりが自分らしく生きるサポートをすることを目的に2006年FP事務所を開業。テレビやラジオ出演、セミナー講師など幅広く活躍中。著書は『ズボラでもお金がみるみる貯まる37の方法』（アスコム）、『子どもを持ったら知っておきたいお金の話』（KADOKAWA／中経出版）など多数。
FP事務所アイプランニング http://www.fp-iimura.jp/

マンガ・イラスト **オキエイコ イラストレーター・漫画家**
SNSで体験レポ漫画・育児マンガなどを配信。若い女性を中心に、その軽快さとコミカルさが人気を博し、総フォロワー数は10万人を超える。
雑誌や企業広告の挿絵・漫画を手がける一児の母。著書に『ダラママ主婦の子育て記録なんとかここまでやってきた』『男の子に「厳しいしつけ」は必要ありません！ どならない、たたかない！で才能はぐんぐん伸びる』（ともにKADOKAWA）がある。
Twitter @oki_soroe

カバー・本文デザイン・DTP
FANTAGRAPH
執筆協力 鷺島鈴香
編集協力 山角優子（有限会社ヴュー企画）
編集担当 小髙真梨（ナツメ出版企画株式会社）

一生お金に困らない！貯め方・増やし方

2020年7月6日　初版発行

監修者 **飯村久美**
発行者 **田村正隆**

発行所 **株式会社ナツメ社**
東京都千代田区神田神保町1-52　ナツメ社ビル1F（〒101-0051）
電話 03(3291)1257（代表）／FAX 03(3291)5761
振替 00130-1-58661

制　作 **ナツメ出版企画株式会社**
東京都千代田区神田神保町1-52　ナツメ社ビル3F（〒101-0051）
電話 03(3295)3921（代表）

印刷所 **ラン印刷社**

ISBN978-4-8163-6855-4
Printed in Japan